KB215120

잃어버린 400년

세움북스는 기독교 가치관으로 교회와 성도를 건강하게 세우는 바른 책을 만들어 갑니다.

잃어버린 400년

쉽고 재미있는 신구약 중간사 이야기

초판 1쇄 발행 2024년 5월 25일
초판 3쇄 발행 2024년 10월 25일

지은이 l 강학종
펴낸이 l 강인구

펴낸곳 l 세움북스
등 록 l 제2014-000144호
주 소 l 서울특별시 종로구 대학로 19 한국기독교회관 1010호
전 화 l 02-3144-3500
팩 스 l 02-6008-5712
이메일 l holy-77@daum.net

교 정 l 이영철
디자인 l 참디자인

ISBN 979-11-93996-04-1 (03230)

잃어버린 400년

쉽고 재미있는 신구약 중간사 이야기

강학종 지음

The story of the middle history of the Old and New Testaments

세움북스

추천사

구약과 신약의 행간에 자리하고 있는 신구약 중간 시대는 일반 성도들에게는 다소 생경한 영역일 수 있습니다. 하지만 신구약 중간 시대에 대한 선이해를 가지고 성경을 볼 때, 그 안에 담긴 하나님 나라와 예수의 이야기는 전보다 더욱 풍성한 메시지와 의미로 독자들 앞에 펼쳐지게 됩니다. 이 점이 우리가 신구약 중간 시대의 400년을 쉽게 포기하거나 잃어버려서는 안 되는 이유입니다.

문제는 신구약 중간 시대에 대한 그간의 저술들이 다분히 학문적이고 신학적으로 치중되어 있다는 점입니다. 그런 면에서 강학종 목사의 《잃어버린 400년》은 일반 성도들에게 신구약 중간 시대를 쉽고 친절하게 소개하는 좋은 길라잡이가 되어줄 것입니다.

신구약 중간 시대에 대한 올바른 이해를 통해 성경 이야기를 보다 생동감 있게 읽고 싶은 분들에게 이 책을 적극적으로 추천합니다. 이제부터 독자들은 신구약 중간 시대를 더 이상 침묵의 400년 혹은 잃어버린 400년이 아닌, 도리어 은혜와 섭리의 400년으로 읽어내게 될 것입니다.

김관성 목사 _ 낮은담침례교회 담임

일찍이 헤밍웨이가 한 말이 있습니다. "어려운 것을 쉽게, 쉬운 것을 재미있게, 재미있는 것을 의미 있게." 참으로 대문호다운 말입니다. 강학종 목사의 책을 읽을 때마다 그 말이 떠오릅니다. 강학종 목사의 글이 그 말에 제대로 부합하기 때문입니다. 남들이 다 어렵다고 하는 내용을 한두 문장으로 쉽게 설명한 것에 감탄한 적이 한두 번이 아닙니다.

이번에 《잃어버린 400년》이라는 제목으로 신구약 중간사를 썼다고 하면서 원고를 보내왔습니다. 어려운 내용을 쉽게 설명하는 재주는 성경에만 그치는 것이 아니었습니다. 미로처럼 복잡하게 얽힌 역사 이야기를 마치 옛날이야기처럼 풀어 썼는데, 시간 가는 줄 모르고 단숨에 읽었습니다. 중간중간에 우리나라 역사를 예로 들어서 읽는 재미까지 있었습니다.

구약의 말라기에서 신약의 마태복음으로 성경 한 장 넘기는 사이에 400년이 지나갔다는 얘기는 누구나 들어보았을 것입니다. 《잃어버린 400년》은 그 400년 동안 하나님께서 어떻게 이 땅에 교회를 시작하실 준비를 하셨는지, 마치 흥미진진한 역사 소설처럼 읽을 수 있는 책입니다. 역사를 주관하시는 분은 분명히 하나님입니다. 《잃어버린 400년》을 통해서 한 사람이라도 더 그런 하나님을 만나기를 바라는 마음으로 적극 추천합니다.

박종철 목사 _ 꿈꾸는교회 담임

제가 강학종 목사의 책을 처음 만난 것은 재작년의 일 입니다. 그 다음부터 많은 분에게 소개했습니다. 성경을 보는 세계관이 매우 건 강했기 때문입니다. 성경을 푸는 예화도 무척 탁월했고 전달도 명쾌 했습니다. 강학종 목사의 책은 신학 서적과 신앙 서적의 중간에 있 는 책입니다. 성경을 연구하는 목회자들이나 성경을 더 자세히 알고 싶은 분들께 큰 도움이 될 수밖에 없습니다. 요즘은 스마트폰의 영 향으로 책 읽는 사람이 많이 줄어들었다고 합니다. 만일 스마트폰이 보급되기 전인 20년 전에 태어났다면 강학종 목사의 책이 훨씬 더 잘 알려졌을 것이라는 아쉬움이 있습니다. 정말, 모두가 읽었으면 싶은 책입니다.

이번에 강학종 목사님이 《잃어버린 400년》이라는 제목으로 신구 약 중간사를 쓰셨습니다. 지금까지 주로 성경 강해서를 썼으니 새로 운 시도인 셈입니다. 하지만 어려운 성경 내용을 쉽게 설명하는 것 처럼 어려운 역사 이야기를 재미있게 풀어 쓴 것은 마찬가지였습니 다. 이 책은 강학종 목사의 모든 책을 보강해 주는 깍두기 같은 책입 니다. 맛있는 음식을 더 맛있게 먹도록 만드는 책입니다. 이 책을 통 해서 강학종 목사의 다른 책까지 빛나게 되길 바라면서 기꺼이 추천 합니다.

장동학 목사 _ 하늘꿈연동교회 담임

강학종 목사는 저와 신학대학원 동기입니다. 어느 날 우연히 그의 책을 접하게 되었습니다. "동기가 쓴 책이니까 한번 읽어보자" 하고 읽었습니다. 그런데 언제부터인지 저도 모르게 책에서 읽은 내용을 설교에 인용하고 있었습니다. 그렇게 해서 저는 강학종 목사의 광팬이 되었고, 그가 쓴 책은 다 소장하고 있습니다. 단언하건대 강학종 목사의 책을 한 권도 안 읽은 사람은 있어도 한 권만 읽은 사람은 없을 것입니다.

강학종 목사에게는 특유의 말씀의 은사가 있습니다. 그의 손을 거치면 추상적이고 관념적인 말씀도 구체화되고 형상화됩니다. 저 멀리 있던 성경이 우리 곁에 있는 일상 속의 말씀이 됩니다. 그에게는 성경을 해석하는 그만의 창이 있습니다. 성경에 덧칠하지 않고 수수하고 담백하게 말씀 그대로를 풀어냅니다. 입맛을 돋우기 위해 향신료나 화학조미료를 넣지 않은, 자연을 담은 보약 밥상 같은 말씀입니다. 무엇보다 설교를 준비하는 목회자들에게는 귀한 소스를 제공합니다. 이미 저희 동기 목사들 사이에는 이 시대 최고의 글쟁이로 인정받고 있습니다.

이번에 쓴 《잃어버린 400년》도 우리 목회자들에게 주는 특별한 선물이라고 생각합니다. 저자 특유의 통찰력으로 동서양을 오가며 역사와 성경을 연결하고, 누구나 이해할 수 있게 내용을 전개하고 있습니다. 또한 단락마다 제공되는 적용과 등장인물 정리는 더욱 이해력을 높여줍니다. 딱딱하고 어려울 수 있는 주제를 담고 있지만, 마치 한 편의 드라마를 보거나 역사 소설을 읽듯이 읽을 수 있게 풀어 쓴 글입니다. 저는 이 원고를 받고는 단숨에 읽었습니다. 잠시도 눈을 뗄 수가 없었습니다. 역사의 주관자이신 하나님의 섭리를 잘 이해할 수 있는 귀한 책입니다. 앞으로 저자를 통해서 쓰일 여러 책을 기대하며 적극 추천합니다.

조충만 목사 _ 새벽교회 담임

ᴄᢣᢣᣛ

같은 시찰회 소속의 강학종 목사는 제가 늘 주의 깊게 바라보고 있는 귀한 분입니다. 그가 툭툭 던지는 이야기를 듣다 보면 그냥 나오는 대로 하는 이야기가 아니라 상당한 연구와 역사를 꿰뚫어보는 식견 속에서 나온 것임을 알 수 있습니다. 그런 사실을 알게 된 다음부터는 후배 목사이기는 해도 마주칠 때마다 "탁월한 선생님! 별일 없으십니까?"라고 인사를 합니다. 그때마다 펄쩍 뛰며 손사래를 치시지만, 그 말은 저의 진심에서 우러나온 고백이었습니다.

나중에 더 놀라운 사실을 알게 되었습니다. 그의 아내가 하는 말이, 강학종 목사는 소고기 요리를 해주면 돼지고기냐고 묻고, 돼지고기를 해주면 닭고기냐고 묻는다고 합니다. 점심 식사 때마다 맛집은 전혀 찾아간 적이 없고, 가장 가까운 집을 찾아가 무엇을 주든지 주는 대로 먹는다고 했는데, 이토록 음식에는 무감각한 분이 글을 쓰면 완전히 달라집니다. 특히 성경에 관한 책을 쓸 때는 원어의 의미부터 시작해서 그 말씀에 담긴 깊숙한 뜻을 찾아내어 전해주는데, 은혜가 되는 건 물론이고 신앙인의 삶을 살도록 깊게 터치하며 인도해주곤 합니다.

이번에 《잃어버린 400년》 원고를 읽어보면서, 이 책의 뛰어난 점과 저자인 강학종 목사의 탁월한 부분을 간략하게 요약해 보았습니다.

1. 어렵지 않습니다. 어린아이가 읽어도 이해가 될 만큼 쉬운 글로 어려운 이야기를 잘 풀어서 전달해 줍니다.
2. 통찰력이 뛰어납니다. 보통 사람들은 성경을 읽으면서도 놓치는 부분들을 예리하게 파헤쳐서 그 속에 담긴 깊은 의미를 찾아 캐내어 보여줍니다.
3. 중요한 의미를 해석하는 것에 그치지 않고 그 의미를 우리 삶의 구체적인 행동으로 적용하는 자리까지 인도합니다.

이번 《잃어버린 400년》에서도 단락이 끝날 때마다 '역사가 주는 묵상'을 통해서 "이런 역사를 구체적으로 어떻게 삶에 적용할 것인가?"라는 질문을 했는데, 오래전에 쓰인 성경을 그 시대의 말씀을 뛰어넘어 오늘 나에게 부딪혀 오는 말씀으로 재해석해 내는 능력이 탁월한 분이라는 결론에 도달하게 되었습니다.

지금까지 쓴 열일곱 권의 책들 모두가 신학자의 입장이 아니라 목회자의 입장에서 쓴 책이라는 점에서 교인들의 삶에 친근하게 다가서도록 공헌한 것에 크나큰 박수갈채를 보내고 싶습니다.

최성욱 목사 _ 예장(통합 교단) 전. 총회훈련원 운영위원장

Preface
머리말

성경을 창세기부터 차례로 읽으면 말라기 다음에 마태복음을 읽게 됩니다. 말라기로 구약이 끝나고 마태복음으로 신약이 시작됩니다. 그 사이 기간을 '신구약 중간 시대'라고 합니다.

그런데 마태복음보다 마가복음이 먼저 기록되었습니다. 그러면 말라기부터 마가복음 사이의 기간이 신구약 중간 시대인데, 성경 배열 때문에 말라기부터 마태복음까지를 신구약 중간 시대라고 하는 것일까요?

예전에 누군가 물었습니다. "여자가 낳은 자 중에 세례 요한보다 큰 자가 없는데 천국에서는 지극히 작은 자라도 세례 요한보다 크다는 말이 무슨 뜻이에요?" 그때 "세례 요한이 구약에 속한 사람이야, 신약에 속한 사람이야?"라고 반문하는 것으로 대답을 대신했던 기억이 있습니다. 세례 요한은 신약성경에 등장하지만, 구약에 속한 사람입니다.

여호와의 말씀이니라 보라 날이 이르리니 내가 이스라엘 집과 유다 집에 새 언약을 맺으리라 이 언약은 내가 그들의 조상들의 손을 잡고 애굽 땅에서 인도하여 내던 날에 맺은 것과 같지 아니할 것은 내가 그들의 남편이 되었어도 그들이 내 언약을 깨뜨렸음이라 여호와의 말씀이니라 그러나 그날 후에 내가 이스라엘 집과 맺을 언약은 이러하니 곧 내가 나의 법을 그들의 속에 두며 그들의 마음에 기록하여 나는 그들의 하나님이 되고 그들은 내 백성이 될 것이라 여호와의 말씀이니라(렘 31:31-33).

새 언약(신약)이 있으면 옛 언약(구약)도 있을 것입니다. 신약, 구약이라는 말이 이 본문에서 유래했습니다. 옛 언약은 출애굽 때 맺었습니다. 그때 하나님은 이스라엘의 남편이 되어서 이스라엘을 인도하셨습니다. 자기와 가장 가까운 사람이 남편입니다. 자기 자신은 아니지만, 그렇다고 해서 남이라고 할 수도 없습니다. 새 언약은 그렇지 않습니다. 하나님의 법을 이스라엘의 속에 두고, 이스라엘의 마음에 기록합니다. 성령님의 내주하심을 말합니다. 즉 오순절 성령 강림부터가 신약입니다.

그러면 얘기가 이상하게 됩니다. 오순절 성령 강림을 기준으로 구약과 신약을 나누면 흔히 말하는 신구약 중간 시대는 존재 여지가 없기 때문입니다. 결국 신구약 중간 시대는 실제로 존재하는 기간이 아니고 편의상 정한 기간입니다.

말라기를 끝으로 하나님이 더 이상 선지자를 보내지 않으십니다. 세례 요한이 나타날 때까지 무려 400년을 침묵하신 것입니다. 그러면 하나님은 무엇을 하셨을까요?

이스라엘이 남 왕국과 북 왕국으로 갈라진 다음에 북 왕국은 앗수르에게 망하고 남 왕국은 바벨론에 망합니다. 한때 앗수르가 중근동의 패자였고, 이어서 바벨론이 중근동의 패자가 됩니다. 하지만 영원한 제국은 없습니다. 바사, 헬라, 로마가 그 뒤를 잇습니다.

그러면 이어서 느부갓네살이 본 환상처럼 손대지 않은 돌이 나올 차례입니다. 하나님의 나라가 시작되어야 합니다. 하나님이 바로 그 작업을 하셨습니다. 이스라엘에 선지자를 보내는 대신 세계 역사 흐름에 개입하셔서 이 땅에 교회를 세울 준비를 하신 기간이 신구약 중간 시대입니다. 하나님이 침묵하셨다고 해서 아무 일도 하지 않으신 것이 아닙니다.

예전에 찬양 예배 시간을 통해서 십여 주 동안 신구약 중간사 특강을 한 적이 있습니다. 하나님의 말씀이 직접 선포되지 않는 중에도 하나님은 하나님이고, 그 하나님이 이 세상 역사의 주인이라는 사실을 설명하고 싶었습니다.

그리고 세움북스 강인구 장로님으로부터 신구약 중간사 책을 쓸 수 있겠느냐는 말을 듣고는 그때의 기억만으로 선뜻 쓸 수 있다고 대답했습니다. 역사신학을 전공하지도 않은 제가 무슨 배짱이었는지 모르겠지만, 자고로 무식하면 용감한 법입니다.

깊이 있는 내용을 쓸 생각은 애초에 없었습니다. 능력도 없습니다. 그런 책은 전공자에게 맡기면 됩니다. 저는 성경에 관심이 있는 사람이라면 누구나 편하게 읽을 수 있는 옛날이야기처럼 쓰려고 했습니다.

원고를 쓰다 보니 문득 신구약 중간사 특강을 할 때 교인들이 어려워했던 생각이 났습니다. 누가 누구인지 구별이 안 되었기 때문입니다. 나보니두스가 어떻고, 아스티아게스가 어떻고, 하르파고스가 어떻다고 하는데, 그들의 행적이야 들으면 되지만, 죄다 처음 듣는 이름이니 내용이 제대로 정리가 안 되었던 것입니다. 그래서 매 단원에 주요 등장인물을 수록했습니다. 역사는 어차피 인물 중심으로 기술되게 마련입니다. 이름이 낯익으면 내용을 이해하는 데 훨씬 도움이 될 것입니다.

출판의 기회를 주신 강인구 장로님과 세움북스 가족들, 책이 나오도록 산파의 역할을 한 정민교 목사님, 그리고 기꺼이 추천사를 써 주신 김관성 목사님, 박종철 목사님, 장동학 목사님, 조충만 목사님, 최성욱 목사님께도 이 지면을 빌려 고마움의 뜻을 전합니다. 이 책을 읽는 독자마다 이 세상 역사를 움직이시는 하나님의 손길을 느낄 수 있었으면 좋겠습니다.

주후 2024년 5월
하늘교회 목사 강학종

Contents
목차

The story
of the middle history
of the Old and New Testaments

01
400년의 서막

때는 바야흐로 주전 586년, 남 왕국 유다가 바벨론에 패망한다. 거듭되는 경고에도 불구하고 하나님을 떠나 살았으니, 누구를 원망하겠는가? 성전은 불에 탔고 백성은 포로로 끌려갔다. '디아스포라'(Diaspora)의 시작이다.

일찍이 하나님께서 이스라엘을 가나안으로 인도하실 적에 순종할 때 받을 복과 불순종할 때 받을 벌을 귀에 못이 박히도록 말씀하셨다. 하나님 말씀에 불순종하면 질병이 내릴 것이고, 그래도 불순종하면 땅이 산물을 그칠 것이고, 그래도 불순종하면 자식의 고기를 먹게 된다고 하셨다.

부모가 자식을 잡아먹는 일이 어떻게 하면 가능할까? 그런 일이 정말로 벌어진다면 이 세상에 존재할 수 있는 가장 끔찍한 재앙일 것 같다. 그런데 그다음 재앙이 있다. 그래도 불순종하면 이방 땅에 포로로 끌려간다고 했다. 자식의 고기를 먹는 것보다 그것을 더 큰 재앙으로 얘기한다. 하나님이 주신 땅에서 살아갈 자격을 박탈당한다는 뜻이기 때문이다. 하나님과 남남이 되는 것이다. 남 왕국 유다에 실제로 그런 일이 닥쳤다.

그러면 그것이 영원한 저주일까?

> 너희가 원수의 땅에 살 동안에 너희의 본토가 황무할 것이므로 땅이 안식을 누릴 것이라 그때에 땅이 안식을 누리리니 너희가 그 땅에 거주하는 동안 너희가 안식할 때에 땅은 쉬지 못하였으나 그 땅이 황무할 동안에는 쉬게 되리라(레 26:34-35).

하나님의 징계는 단지 화풀이가 아니다. 하나님의 백성을 고쳐내시는 하나님의 손길이다. 거듭되는 경고에도 불구하고 끝까지 불순종하면 급기야 이방 땅에 포로로 끌려가는 신세가 되지만, 그렇게 해서 나타나는 효과가 있다. 땅이 안식하는 것이다.

성경에는 안식일만 있는 것이 아니라 안식년도 있다. 6년 동안 땅을 경작했으면 7년째에는 쉬어야 한다. 그래서 이스라엘이 그렇게 했을까? 하나님께 불순종해서 나라가 망했는데 안식년을 지켰을 리가 없다. 하지만 더 이상 안 지킬 재간이 없게 된다. 바벨론 포로 70년은 안식년을 70회 지킨 것과 같은 효과가 있다. 하나님의 법을 안 지키니 지킬 수밖에 없게 만드신 것이다.

다른 효과도 있다. 이방 땅에 끌려가니 성전에서 제사를 드릴 수 없게 되었다. 지금까지의 불신앙을 참회하는 마음으로라도 정성껏 제사를 드리고 싶은데, 이 딱한 현실을 어떻게 할까? 게다가 성전이 무너지기도 했다. 그래서 회당이 만들어진다. 지금까지 성전에서 제사를 드리는 것이 신앙의 근간이었다면 이제는 회당에서 율법을 연구하는 것이 신앙의 근간이 된다.

회당은 바벨론 포로에서 돌아온 다음에도 곳곳에 세워졌다. 유대인 열 명이 있으면 회당을 세울 수 있었고, 회당이 삶의 중심이 되었다. 안식일에는 회당에 모여 예배를 드렸고, 평일에는 회당이 마을회관 구실을 했다.

바울이 일어나 손짓하며 말하되 이스라엘 사람들과 및 하나님을 경외하는 사람들아 들으라(행 13:16).

형제들아 아브라함의 후손과 너희 중 하나님을 경외하는 사람들아 이 구원의 말씀을 우리에게 보내셨거늘(행 13:26).

바울이 1차 전도 여행 중에 비시디아 안디옥의 회당에서 한 말인데, 하나님을 경외하는 사람들이 누구일까? 사도행전 13장 16절에서 "이스라엘 사람들과 및 하나님을 경외하는 사람들아"라고 했으니까 이스라엘 사람들과 구별되는 사람들이다. 사도행전 13장 26절에서는 "아브라함의 후손과 너희 중 하나님을 경외하는 사람들아"라고 했다. 아브라함의 후손이 아닌데 하나님을 경외하는 사람이 있었던 모양이다. 이들은 이방인이다.

회당에는 유대인만 모이는 것이 아니었다. 이방인 중에서 하나님을 경외하는 사람들도 같이 모였다. 당시 이방인 중에는 유대교에 매력을 느끼는 사람들이 있었다. 그들은 율법도 지켰다. 할례만 받으면 유대인으로 인정되는데, 할례가 상당한 진입 장벽이었다.

예수님 당시의 헤롯 성전에는 유대인의 뜰과 여인의 뜰, 이방인의 뜰이 있었다. 유대인의 뜰은 당연히 유대인 남자를 위한 공간이고 여인의 뜰은 유대인 여자를 위한 공간이다. 그러면 이방인의 뜰은 왜 있을까? 지금 예루살렘 성전에 있는 통곡의 벽은 관광지이기도 하지만 당시 성전은 관광지도 아니었는데 왜 이방인이 기웃거렸을까? 아니, 왜 이방인을 위해서 공간을 할애했을까? 간단하다. 하나님을 경외하는 이방인이 있었기 때문이다.

할례는 지금의 포경수술이다. 유대인은 난 지 팔 일이면 할례를 받았다. 자기가 원해서 받은 것이 아니라 자기 의사와 관계없이 할례가 행해진 것이다. 이방인이 유대교로 개종하는 경우에는 다르다. 지금처럼 마취제나 소독약도 없던 시절이다. 어지간한 용기가 아니면 엄두를 못 낸다. 유대교가 좋아서 회당

〈폐허 위에서 설교하는 사도 바울〉, 조반니 파올로 판니니 作(Giovanni Paolo Panini, 1691-1765).

모임에는 참석하지만, 그때마다 "얼른 할례를 받아서 정식으로 유대인이 되어야 하는데…"라는 부담감이 있었을 것이다. 그들은 반쪽짜리 유대인이었다.

바울은 회당을 중심으로 사역했다. 가는 곳마다 회당을 찾았다. 회당에 모인 사람들은 구약에 익숙한 사람들이다. 복음을 전하기에 한결 수월했을 것이다. "여러분이 기다리는 메시아가 바로 예수입니다"라는 말을 바로 전할 수 있었다.

바울이 그렇게 복음을 전했을 때 이방인들은 반색했지만 유대인들은 배척했다. 보통 배척한 것이 아니라 바울을 죽이려고 했다. 실제로 루스드라에서는 바울을 얼마나 돌로 쳤는지 죽은 것으로 잘못 알기도 했다. 그 정도로 거부 반응이 심했다. 복음이 싫으면 외면하면 그만이지, 그렇게까지 할 이유가 있을까? 요즘 상황으로 바꿔 보면 도무지 이해되지 않는다. 누군가 거리에서 전도지를 나눠줄 때 싫으면 안 받으면 그만이고, 경우에 따라서는 뒤에서 흉을 볼 수도 있다. 하지만 폭행하는 것은 말이 안 된다. 심지어 살의를 가지고 폭행하는 일은 있을 수 없다. 그런데 바울에게 그렇게 했다. "너희가 죽인 예수가 바로 메시아다"라고 했기 때문이다.

그것만이 아니다. 그런 바울의 설교가 성경에는 "그러므로 형제들아 너희가 알 것은 이 사람을 힘입어 죄 사함을 너희에게 전하는 이것이며 또 모세의 율법으로 너희가 의롭다 하심을 얻지 못하던 모든 일에도 이 사람을 힘입어 믿는 자마다 의롭다 하심을 얻는 이것이라"(행 13:38-39)라고 기록되어 있는데, 설마 이 말만 했을까? 할례자도 믿음으로 말미암아, 또한 무할례자도 믿음으로 말미암아 의롭다 하실 하나님은 한 분이시라는 말도 했을 것이고, 그리스도 예수 안에서는 할례나 무할례가 아무 효력이 없고 오직 사랑으로 역사하는 믿음뿐이라는 말도 했을 것이다.

그런 말을 어떻게 그냥 듣고 넘긴단 말인가? 돌로 쳐 죽여서라도 입을 막아야 하지 않겠는가? 하지만 하나님을 경외하는 이방인들은 다르다. 지금까지 할례가 큰 부담이었는데, 그게 아니라는 말을 들은 것이다. 할례는 아무것도 아니고 예수가 그리스도라고 한다. 다음 안식일이 기다려질 수밖에 없다. 바울은 그들을 대상으로 교회를 세웠다. 그들은 복음이 전해지기만 하면 믿기로 작정된 사람들이었다.

예수님이 이 세상에 오셔서 가장 먼저 하신 말씀이 "회개하라 천국이 가까이 왔느니라"였다. 이때의 천국은 우리가 죽은 다음에 가는 곳이 아니라 하나님 나라를 말한다. 예수님께서 이 땅에 오신 이유가 천국, 즉 하나님 나라 때문이다. 그런 예수님이 베드로의 신앙 고백을 기초로 교회를 세우겠다고 하셨다. 즉 교회는 하나님 나라와 연결된 곳이다.

그리고 오순절 성령 강림으로 교회가 시작된다. 어느 날 갑자기 시작된 것이 아니다. 하나님께서 미리 그 준비를 하셨다. 흔히 신구약 중간 시대라고 하는 기간에 하나님은 이 땅에 교회를 세울 준비를 하셨다.

• 하나님께서 이스라엘을 가나안으로 인도하시면서 순종할 때 받을 복과 불순종할 때 받을 벌을 여러 번 말씀하셨다. 불순종할 때 받을 벌 중에 으뜸은 이방 땅에 포로로 끌려가서 하나님과 남남이 되는 것이었다. 그런데 이스라엘이 그 말씀을 그리 심각하게 여기지 않은 것 같다.

비단 이스라엘만의 문제가 아니다. 혹시 우리 인생 속에서 절대 있을 수 없는 일로 꼽는 단 한 가지가 하나님과 멀어지는 것일까? 하나님은 싫어하시겠지만, 이번만은 별수 없다고 할 만한 일이 정말 없었을까? 만일 있었다면 어떤 것이었을까?

• 이스라엘이 망했다. 거듭되는 불순종으로 성전은 불에 탔고 백성들은 포로 신세가 되었다. 바벨론 포로 생활 70년의 시작이다. 그동안에 땅이 황폐하게 된다. 하나님의 법을 떠나 살아서 이방 땅에 포로로 끌려갔는데, 그렇게 해서 하나님의 법이 지켜지게 된다.

하나님의 법은 지키기 싫다고 안 지킬 수 있는 것이 아니다. 하나님이 결국 지키게 만드신다. 즐겨 지키지 않으면 억지로 지키게 되고, 칭찬 들으며 지키지 않으면 책망 들으며 지키게 된다. 우리 삶 속에서는 과연 어느 쪽이 더 많았는지, 구체적으로 어떤 일이 있었는지 생각해 보자.

• 바울은 가는 곳마다 교회를 세웠다. 복음을 전하기만 하면 믿을 사람들을 하나님께서 미리 준비해 놓으셨다. 물론 땅 짚고 헤엄치기 식으로 일이 풀린 것은 아니다. 바울은 가는 곳마다 고난을 겪었다. 하지만 하나님이 여호와 이레의 하나님인 것은 분명하다. 여호와 이레의 하나님을 체험한 각자의 경험을 얘기해 보자.

02
70년의 나라 바벨론

히스기야가 병들었을 때 바벨론 왕 므로닥발라단(Merodach-Baladan)이 사신을 보낸 적이 있다. 주전 700년경이다. 그 일이 있기 얼마 전에 예루살렘을 공격하던 앗수르 군사 십팔만 오천 명이 하룻밤에 몰살당했으니 히스기야의 안부보다 그 비결이 궁금했을 것이다. 그때까지만 해도 바벨론은 앗수르의 눈치를 보는 나라였다. 남 왕국 유다와 국방력 차이가 별로 없었다.

한동안 앗수르가 중근동 지방의 패자였다. 그 시절, 앗수르의 군사력은 보병 170만, 기병 20만, 전차 1,600대에 달했다. 그런데 주전 627년에 앗수르바니팔(Asshurbanipal, B.C. 669-633) 왕이 죽은 다음에 급격하게 쇠약해진다. 그 틈을 타서 속국이던 바벨론이 독립을 선언하더니 메대와 연합해서 앗수르를 공격했다. 주전 612년에는 수도 니느웨를 함락시켰다. 앗수르는 갈그미스(Carchemish)를 중심으로 세력을 정비하려고 했지만 역부족이었다.

앗수르가 무너지면 다음 목표는 애굽이 될 것이다. 애굽의 바로느고(Pharaoh-necoh, B.C. 609~593)가 군대를 일으킨다. 중근동의 세력 균형을 위해서 앗수르가 존속해야 하기 때문이다. 애굽에서 갈그미스로 가려면 팔레스타인을 지나야 한다. 임진왜란 때 일본이 정명가도(征明假道)를 내세웠다. 명나라를 정벌하러 갈 테니 길을 빌려달라는 것이었다. 애굽의 바로느고도 그런 격이었다. 관심이 바벨론에 있었다. 아무리 그래도 다른 나라 군대가 자국 영토를 지나는 것을 용인할 수는 없다. 유다 왕 요시야가 길을 막았다. 하지만 애굽의 군사력을 감당할 수는 없는 노릇이다. 결국 요시야는 므깃도 전투에서 죽고 만다.

요시야의 죽음은 유다의 국운이 다했음을 말해준다. 요시야가 죽자 여호아하스, 여호야김, 여호야긴, 시드기야가 차례로 왕위에 올랐지만 왕다운 왕이 없었다.

요시야의 맏아들은 엘리아김이다. 그런데 백성들이 동생인 여호아하스를 왕으로 옹립했다. 광해군의 형 임해군이 난폭한 성격 때문에 신하들의 신뢰를 얻지 못했던 것처럼 엘리아김에게도 뭔가 결격사유가 있었던 모양이다.

갈그미스에 도착한 애굽이 일시적으로 바벨론을 저지한다. 그동안 바로느고가 하맛 땅 립나에 주둔하면서 여호아하스를 잡아가고, 그의 형 엘리아김을 여호야김으로 이름을 바꿔서 왕

갈그미스전투

으로 세운다. 유다가 애굽의 속국으로 전락한 것이다.

그렇다고 해서 애굽이 계속 득세한 것은 아니다. 갈그미스 전투(Battle of Carchemish)는 결국 바벨론의 승리로 끝나고 앗수르 는 역사 속으로 사라지고 만다. 주전 605년의 일이다. 바벨론은 여세를 몰아 애굽까지 진격했다. 느부갓네살이 왕자의 신분으 로 가나안을 지나 애굽 국경까지 진출했지만 승리를 거두지는 못했다. 중간에 바벨론 왕 나보폴라살이 죽었다는 소식이 전해 졌기 때문이다. 느부갓네살은 왕위를 계승하기 위해서 바벨론 으로 돌아가야 했다.

느부갓네살이 가나안 지역에 머무는 동안 유다는 바벨론의 눈치를 살펴야 했다. 그런데 느부갓네살이 본국으로 돌아간 틈을 타서 여호야김이 친애굽 정책을 쓰면서 바벨론의 압제에서 벗어날 궁리를 한다. 예레미야 선지자가 바벨론에 항복하는 것이 하나님의 뜻이라고 거듭 얘기했지만 듣지 않았다.

바벨론은 짧은 시간에 일어나서 짧은 시간에 몰락했다. 갈그미스 전투에서 애굽을 이긴 것이 주전 605년인데 바사 왕 고레스에게 멸망한 것이 주전 539년이다. 대제국이 불과 70년 만에 문을 닫고 말았다. 70년은 우리 귀에 상당히 익숙한 기간이다. 바벨론 포로 생활을 70년으로 말하기 때문이다.

남 왕국 유다 백성이 바벨론에 포로로 잡혀간 것은 일회적인 사건이 아니다. 나라가 완전히 망하기 전인 여호야김 3년(주전 605년)에 1차 포로가 있었다. 다니엘이 이때 잡혀갔다. 여호야긴 1년(주전 597년)에 2차 포로가 있었는데 이때는 여호야긴왕을 비롯한 많은 사람이 잡혀갔다. 시드기야 11년(주전 586년)에 3차 포로가 있었다. 이때 예루살렘이 함락되었고 성전이 불에 탔으며 시드기야왕을 비롯한 백성들이 잡혀갔다. 나라가 망한 것이다. 나중에 이스마엘이 바벨론에 의해서 총독으로 임명된 그달랴를 살해했는데, 그때도 느부갓네살의 시위대 장관 느부사라단이 남은 백성들을 잡아갔다. 주전 581년의 일이다.

그에 반해서 포로 귀환은 세 차례에 걸쳐 일어났다. 고레스 칙령이 주전 538년에 있었는데, 이때 스룹바벨의 인도로 1차 귀환이 있었다. 주전 458년에 에스라의 인도로 2차 귀환이 있었고 주전 444년에 느헤미야의 인도로 3차 귀환이 있었다.

이렇게 따지면 얘기가 이상해진다. 1차 포로와 2차 포로, 3차 포로, 4차 포로, 그리고 1차 귀환과 2차 귀환, 3차 귀환을 어떻게 짝지어도 70년이 만들어지지 않는다. 대신 성전을 기준으로 하면 햇수가 맞아떨어진다. 주전 586년에 무너진 성전이 주전 516년에 재건되었으니 정확히 70년이다.

하지만 성경에 나오는 숫자는 상징인 경우가 많다는 사실에 착안해서 달리 생각할 수도 있다.

> 그날부터 두로가 한 왕의 연한같이 칠십 년 동안 잊어버린 바 되었다가 칠십 년이 찬 후에 두로는 기생의 노래같이 될 것이라 잊어버린 바 되었던 너 음녀여 수금을 가지고 성읍에 두루 다니며 기묘한 곡조로 많은 노래를 불러서 너를 다시 기억하게 하라 하였느니라 칠십 년이 찬 후에 여호와께서 두로를 돌보시리니 그가 다시 값을 받고 지면에 있는 열방과 음란을 행할 것이며(사 23:15-17).

하나님께서 70년 동안 두로를 벌하겠다고 하셨다. 이때의 70년은 정말로 70년이 아니라 완전수 '7'에 많다는 뜻의 '10'을 곱한 수이다. 하나님께서 충분히 오랜 기간 두로를 벌하시겠다는 뜻이다. 이스라엘의 바벨론 포로 70년도 그런 뜻으로 보는 것이 자연스럽다.

각설하고, 히스기야 당시만 해도 바벨론의 국방력은 유다와 별 차이가 없었다. 같이 머리 맞대고 앗수르의 위협에서 벗어날 궁리를 해야 하는 처지였다. 그런데 주전 586년에는 유다를 멸망시킬 만큼 기세가 등등하더니 50년이 채 되지 않은 주전 539년에 멸망했다. 1차 포로 때 끌려간 다니엘이 그때까지 생존해 있었다.

바벨론이 잠깐이나마 중근동의 패자가 된 것은 느부갓네살이라는 걸출한 왕이 있었기 때문이다. 느부갓네살이 죽자 바벨론은 급격히 기울어졌다. 느부갓네살의 아들 에윌므로닥(Evil-Merodach)이 재위 2년 만에 매부인 네르갈사레셀(Nergal-Sharezer)에게 피살된다. 네르갈사레셀이 죽은 다음 그의 아들 라바시마르둑(Labashi-Marduk)이 왕위를 계승하지만, 이내 나보니두스(Nabonidus)에게 암살당한다.

본래 바벨론 사람들이 섬겼던 신은 마르둑(Marduk)이다. 그런데 하란 출신인 나보니두스는 어머니가 섬겼던 달의 신 '신'(Sin)을 섬겼다. 심지어 아들 벨사살에게 나라를 맡기고 자신은 '신'(Sin)을 섬기기 위해서 10년 동안이나 아라비아 사막 너머에 기거하기도 했다.

벨사살이 연회를 베풀고는 예루살렘 성전에서 가져온 금, 은 그릇을 술잔으로 쓰면서 우상을 찬양한 적이 있다. 그때 손가락이 나타나서 벽에 글자를 썼는데 뜻을 아는 사람이 아무도 없었다. 벨사살이 누구든지 그 뜻을 해석하는 사람은 나라의 셋째 통치자로 삼겠다고 한 것에는 이런 배경이 있다. 자기 아버지 나보니두스와 자기에 이은 세 번째 자리를 준다는 것이다. 비록 자기가 정사를 돌보고 있지만 진짜 왕이 따로 있었다.

바벨론의 새해 잔치를 '아키두'(Akity)라고 한다. 그것을 지키는 것이 오랜 풍습이었는데 나보니두스가 10년 동안 사막에 가 있으면서 아키두가 중단되었다. 이런 나보니두스의 행태가 달

〈벨사살의 연회〉, 렘브란트 作(Rembrandt Harmensz van Rijn, 1606-1669).

갑게 보였을 리 없다. 처음에는 마르둑 제사장들을 중심으로 불만이 싹트더니 나중에는 백성들까지 반감을 갖기 시작했다. 뒤늦게 문제의 심각성을 알아차린 나보니두스가 바벨론으로 돌아와서 아키두를 부활하고 분위기를 쇄신하려고 했지만 이미 민심이 떠난 다음이었다.

그런 상황에서 고레스가 바벨론을 침공했다. 나보니두스에게 등을 돌린 백성들이 고레스를 오히려 환영했다. 바벨론 성벽은 높이가 120m, 두께가 32m에 이르는데, 그런 성벽이 두 겹으로 되어 있었다. 성벽 둘레에는 60m 폭의 해자가 있었고, 성안에는 십 년 치의 식량이 비축되어 있었다고 한다. 또 90km에 이르는 성벽을 돌아가면서 100개의 문이 있었는데, 모두 청동으로 되어 있었다고 한다. 그만큼 견고하고 화려했다. 그런 성이 허무하게 함락된 데에는 이런 배경이 있다.

• 유다 왕 요시야가 갈그미스로 진출하려던 애굽 군대를 막아섰다가 므깃도 전투에서 죽었다. 그때 요시야가 어떤 마음으로 싸움에 임했을까? 설마 애굽을 이길 자신이 있었는데 패했을까?

몇 년 전에 상영된 <안시성>이란 영화가 있다. 당나라 군대 20만이 쳐들어왔는데 안시성의 병력은 5천 명뿐이었다. 누군가 안시성 성주 양만춘에게 대책을 묻자, 이렇게 답한다. "너는 이길 수 있을 때만 싸우냐?"

때로는 싸우는 것 자체가 책임일 수 있다. 패배가 예상된다고 지레 싸움을 포기할 수는 없지 않은가? 우리에게 주어진 그런 싸움이 있다면 어떤 것일까?

• 바벨론은 특이한 나라다. 마치 남 왕국 유다를 벌하기 위해서 하나님이 예비하신 나라 같은 느낌이 든다. 잠깐 중근동을 호령하나 싶더니, 그 소임을 다하자 이내 소멸했다. 바벨론이 유다를 위한 교보재였다면 우리 주변에 있는 모든 것은 우리를 위한 교보재일 것이다. 어떤 것들이 있는지 떠올려 보자.

• 벨사살이 연회를 베풀었는데, 손가락이 나타나서 벽에 글자를 썼다. 뜻을 아는 사람이 아무도 없자, 벨사살이 누구든지 그 뜻을 해석하는 사람은 나라의 셋째 통치자로 삼겠다고 했다. 자기가 왕이 아니라 아버지 나보니두스가 있었기 때문이다. 일견 자기 자리를 제대로 알고 있었던 것 같지만 그렇지 않다. 하나님이 진짜 왕인 것을 몰랐기 때문이다. 그에게는 진짜 왕이 따로 있었다.

우리는 범사에 하나님이 왕인 것을 인정하고 있을까? 하나님은 예배할 때만 찾고, 평소에는 눈앞의 질서에만 민감한 적이 없을까?

03
바사(페르시아) 제국

바사 왕 고레스

바사 왕 고레스의 탄생에는 비하인드 스토리가 있다. 바사가 여러 도시 국가로 나뉜 채 통일 국가를 이루지 못하던 시절, 메대(메디아)가 바사를 다스렸다.

하루는 메대 왕 아스티아게스(Astyages)가 꿈을 꾸었다. 딸 만다네가 소변을 보았는데 소아시아 전역이 소변에 잠기는 꿈이었다. 술사들을 불러서 뜻을 물었더니 만다네가 낳은 아이가 소아시아를 지배할 꿈이라고 했다. 불길하게 생각한 아스티아게스가 만다네를 메대 사람이 아닌 바사 사람 중에서도 하층민인 캄비세스에게 시집보냈다. 그런데 더욱 뒤숭숭한 꿈을 꾼다. 만다네 배에서 포도나무 줄기가 나와서 온 세상을 덮는 꿈이다. 술사들은 한목소리로 외손자가 세계를 정복할 큰 인물이라고 해몽을 했다.

아스티아게스는 고민 끝에 손자를 죽이기로 결심한다. 우선 만다네를 친정으로 불러서 아이를 낳게 했다. 그리고 심복 하르파고스(Harpagus)를 불러서 만다네에게서 태어난 아이가 딸이면 살리되 아들이면 죽이라고 했다. 아니나다를까, 만다네가 아들을 낳았다. 그런데 하르파고스는 차마 직접 죽이지 못하고 하인에게 맡겼다. 왕의 소를 치는 하인이었다. 마침 그 하인의 아내가 그날 사산을 했다. 하인은 사산한 아이를 묻고 만다네의 아들을 대신 키웠다.

7년이 지났다. 아이가 친구들과 어울려 노는데 남다른 데가 있었다. 하인의 아들이면서도 귀족 집안의 아이들을 부하로 부릴 만큼 통솔력이 있었다. 규칙을 어기면 벌을 주기도 했는데, 불만을 말하는 아이가 없었다. 아이들이 그 정도로 잘 따랐다. 오죽하면 "왕궁에는 아스티아게스왕, 골목에는 고레스왕"이라는 말까지 했고, 귀족들의 입을 통해서 왕에게도 그 말이 들어갔다.

호기심을 느낀 아스티아게스가 아이를 만나게 되고, 한눈에 자기 핏줄인 것을 알아보았다. 예전에 KBS에서 〈누가 이 사람을 아시나요?〉라는 제목으로 이산가족 찾기 생방송을 한 적이 있다. 몇십 년 동안 헤어져 있던 사이인데도 바로 알아보고는 서로 얼싸안으며 울음을 터뜨리는 장면이 계속 브라운관을 통해서 전파되었다. 아스티아게스도 아마 그랬을 것이다. 소를 치는 하인의 아들에게서 자기 유전자를 보았을 것이다. 아스티아게스가 어떤 마음이었을까? 주변 친구들을 보면 손주 바보가 아닌 친구가 없던데, 아스티아게스도 외손자 고레스가 마냥 사랑스럽게 보였을까? 아무래도 그랬을 것 같지는 않다.

그러던 어느 날, 궁중에서 만찬이 있었다. 모두 자리에 앉았는데 하르파고스의 식탁에만 검은 보자기가 덮여 있었다. 보자기를 벗기니 놀랍게도 하르파고스 아들의 머리가 있었다. 아스티아게스가 왕명을 거역한 벌을 내린 것인데, 이 일로 하르파고스는 깊은 앙심을 품게 된다.

소문을 들은 만다네가 왕궁에서 자라는 고레스를 데리고 자기가 살던 곳으로 갔다. 떡잎부터 달랐던 고레스는 바사의 장군으로 자랐고, 하르파고스도 계속 복수를 꿈꿨다. "지금 당장은 할 수 있는 것이 없지만 당신이 가장 두려워하는 일을 반드시 해낼 것이다"라는 것이 하르파고스의 각오였다. 왕이 가장 두려워하는 일은 고레스에게 왕좌를 뺏기는 것이다. 속으로 그렇게 칼을 갈던 어느 날, 하르파고스는 메대로 진격하면 내응하겠다는 밀서를 고레스에게 보냈다.

고레스에게는 바사 사람들을 설득해야 하는 과제가 주어진 셈이다. 궁리 끝에 사람들을 낫을 가지고 모이게 하고는 경내의 풀과 덤불을 베라고 했다. 다음날에는 새 옷을 입고 모이라고 하고는 술과 고기를 마련해서 잔치를 열었다. 한창 흥이 오를 때 고레스가 물었다. "여러분은 어제의 노동과 오늘의 잔치 중 어느 쪽을 택하겠는가?" 이구동성으로 오늘이 좋다고 했다. 그러자 다시 말했다. "내 말대로 하면 여러분 인생이 오늘과 같은 날이 될 것이오. 하지만 내 말대로 하지 않으면 여러분 인생이 어제처럼 될 것이오." 그러면서 모두 힘을 합하여 메대의 압제에서 벗어나자고 역설했다.

안 그래도 고레스가 나서주기를 바라는 마음이 있던 터라 모두 흔쾌히 응했다. 이렇게 해서 고레스가 5만 병력을 이끌고 메대를 치러 나간다. 아스티아게스왕 입장에서는 반란이다. 30만 군사를 소집해서 하르파고스에게 정벌군 사령관을 맡겼다. 5만과 30만은 상대가 되지 않는다. 어쩌면 아스티아게스왕은 만다네의 꿈을 계속 마음에 두고 있었을 것이고, 이것으로 그 꿈에서 해방된다고 생각했을 것이다.

하르파고스가 그런 아스티아게스왕의 전송을 받으며 출정했다. 바사군이 진을 친 곳에 거의 이르렀다. 내일이면 결전이다. 그날 밤, 하르파고스가 장수들을 불러 모아서 비장한 어조로 말한다. "나는 바사군과 싸우러 온 것이 아니라 항복하러 왔소. 날이 밝으면 무조건 항복할 것이오."

놀란 표정을 짓는 장수들에게 계속 말한다. "여러분은 언젠가의 만찬을 기억할 것이오. 그때 그 검은 보자기 밑에 무엇이 있었는지 다 보지 않았소? 그날 이후 난 오늘을 기다렸소. 그렇다고 해서 내 사적인 앙갚음 때문에 나라를 저버리려는 것이 아니오. 해몽이 사실이면 고레스는 하늘이 내린 왕이고 그것을 어기는 것은 천명을 거역하는 것이오. 결국 아스티아게스왕은 천명을 거역하고 있는 것이오. 어떻게 하시겠소?"

설마 이런 말을 아무런 준비 없이 했을까? 복수를 계획했을 때부터 사방에 자기 사람을 만들었을 것이고, 정벌군 사령관을 맡고서는 본격적으로 자기 사람을 요직에 앉혔을 것이다. 아스티아게스를 지지하는 사람이라도 선뜻 반대 의사를 말할 수 있는 분위기가 아니었을 것이다.

이렇게 해서 30만 군대가 바사군에 합류한다. 그리고 메대의 운명은 그것으로 결정되었다. 메대를 정복한 고레스는 국호를 '바사'로 바꾼다. 다니엘서 5장 30-31절에 "그날 밤에 갈대아 왕 벨사살이 죽임을 당하였고 메대 사람 다리오가 나라를 얻었는데 그때에 다리오는 육십이 세였더라"라고 되어 있다. 다리오가 바사의 첫 번째 왕처럼 나오는데, 다리오는 고레스의 외삼촌이다. 고레스가 아스티아게스왕을 유배 보낸 다음 자기는 계속 정복 사업에 몰두하기 위해서 다리오를 형식적인 왕으로 앉힌 것이다.

이 고레스에 의해 포로 귀환이 이루어진다.

고레스의 포로 귀환

하나님이 홍해를 갈라서 이스라엘을 구원한 다음 시내산으로 인도해서 율법을 주셨다. 율법을 지켜서 구원을 얻은 것은 아니지만 가나안 땅에 들어가서 살려면 율법을 지켜야 하기 때문이다. 그런데 이스라엘이 그 일에 실패했다. 계속되는 범죄로 가나안에서 쫓겨난 것이다. 그런데 고레스 칙령으로 다시 가나안 땅에 들어갈 수 있게 되었다.

> 이제는 율법 외에 하나님의 한 의가 나타났으니 율법과 선지자들에게 증거를 받은 것이라 곧 예수 그리스도를 믿음으로 말미암아 모든 믿는 자에게 미치는 하나님의 의니 차별이 없느니라 (롬 3:21-22).

율법은 이스라엘을 향한 하나님의 기대 수준이다. 그런데 이스라엘이 거기에 미치지 못했다. 결국 가나안 땅에서 살 자격을 박탈당한다. 그렇다고 해서 그것으로 끝난 것이 아니다. 고레스 칙령이 반포되기 때문이다.

이제는 율법 외에 하나님의 한 의가 나타났다는 것이 이런 얘기다. 본래 이스라엘이 스스로 율법을 지켜서 가나안 땅에 살게 되어 있었다. 그런데 그 일에 실패해서 가나안 땅에서 쫓겨

〈성전 기물을 내어주는 고레스 왕〉(에스라 1:7),
귀스타브 도레 作(Paul Gustave Doré, 1832-1883).

나자 하나님이 다른 방도로 가나안 땅에 살 수 있게 하신 것처럼, 우리가 우리 의로 구원 얻을 수 없자 하나님이 하나님의 의로 우리를 구원하셨다. 이것이 복음이다.

본래 한 나라의 노예로 예속되어 있다가 독립을 되찾으려면 그만한 힘을 길러야 한다. 그런데 이스라엘의 독립은 자기들의 능력과 무관하게 일방적으로 주어졌다. 이스라엘이 애굽의 노예로 지낼 적에 언젠가 홍해를 건너 자유의 몸이 되리라는 기대를 누가 했을까? 바벨론 포로 때도 마찬가지다. 어제까지만 해도 노예였는데 고레스 칙령으로 하루아침에 자유의 몸이 되었다.

고레스의 식민 통치 정책은 지금까지의 여느 나라와 확연히 달랐다. 앗수르나 바벨론은 피정복민을 강제로 타 지역으로 이주시켰을 뿐만 아니라 그들의 고유 종교도 억압했다. 그런데 고레스는 그렇게 하지 않았다. 피정복민을 그들의 본토에서 살게 했을 뿐만 아니라 종교도 최대한 보호했다. 박애주의 정책이 아

니었다. 이방 민족의 다신교 신앙에 기대서 세상 모든 신들로
하여금 바사 제국의 안녕을 기원하게 하려는 것이었다.

그렇다고 해서 이스라엘의 구원이 고레스의 식민 통치 정책
의 산물로 파생된 것일 수는 없다. 하나님께서는 이스라엘이 망
하기 전인 주전 8세기에 이미 고레스를 통한 구원 계획을 선포
하셨다.

> 고레스에 대하여는 이르기를 내 목자라 그가 나의 모든 기쁨
> 을 성취하리라 하며 예루살렘에 대하여는 이르기를 중건되리
> 라 하며 성전에 대하여는 네 기초가 놓여지리라 하는 자니라(
> 사 44:28).

하나님께서는 고레스가 태어나기도 전에 이미 고레스를 통
해 이스라엘을 구원하기로 계획하셨다. 이스라엘의 구원은 고
레스의 통치 철학의 산물이 아니라 하나님의 경륜에 의한 것이
었다.

당시 고레스는 세계 최강대국의 왕이었다. 이스라엘의 눈으
로 보면 자기들과 비교할 수도 없는 어마어마한 지위에 있는 사
람이었다. 하지만 실제로는 이스라엘을 위하여 하나님께서 세
우신 도구였다. 고레스가 주인공이 아니라 이스라엘이 주인공
이다. 하나님께서 하나님의 백성을 선한 길로 인도하기 위해서

세속 역사를 동원하셨다.

재건되는 성전

포로에서 돌아온 이스라엘이 성전 재건에 착수한다. 일차로 돌아온 사람이 모두 42,360명이었다. 그런데 돌발 변수가 생긴다. 사마리아 사람들이 자기들도 성전 재건에 동참하겠다고 나선 것이다.

이스라엘이 남 왕국과 북 왕국으로 갈라졌을 때 북 왕국의 수도가 사마리아였다. 사마리아 사람이면 아브라함의 후손인 셈이다. 그런데 주전 722년에 북 왕국이 앗수르에게 망하면서 사정이 달라진다. 앗수르는 자기들이 정복한 민족을 강제로 이주시켜서 인위적인 혼혈족을 만들었다. 결국 북 왕국은 아브라함의 후손이라는 민족 정체성이 불투명하게 되고 말았다. 복음서에 유대인이 사마리아 사람을 극히 혐오하는 것으로 나오는 데에는 이런 배경이 있다. 아브라함의 혈통을 더럽혔다는 것이다. 유대인은 이방인을 개, 돼지보다도 못하게 여겼는데, 사마리아 사람은 그런 이방인보다 더 못하게 여겼다.

<u>사로잡혔던 자들의 자손</u>이 이스라엘의 하나님 여호와의 성전을 건축한다 함을 <u>유다와 베냐민의 대적</u>이 듣고 스룹바벨과 족

장들에게 나아와 이르되 우리도 너희와 함께 건축하게 하라 우
리도 너희 같이 너희 하나님을 찾노라 앗수르 왕 에살핫돈이
우리를 이리로 오게 한 날부터 우리가 하나님께 제사를 드리노
라 하니(스 4:1-2).

사마리아 사람들이 자기들도 성전 건축에 동참하겠다고 말
하는 내용이다. 에살핫돈은 북 왕국을 멸망시킨 앗수르 왕이다.
그가 자기들을 여기로 이주하게 한 다음부터 자기들도 하나님
을 섬긴다는 것이다. 물론 하나님을 섬기기는 했다. 다른 이방
잡신을 같이 섬긴 것이 문제다.

성경의 지적이 은근히 날카롭다. 성경은 그들을 유다와 베냐
민의 대적이라고 한다. 이스라엘이 남북으로 갈라질 적에 남 왕
국에 속한 지파가 유다 지파, 베냐민 지파였다. 자기들 입으로
아무리 하나님을 섬긴다고 우겨도 그들의 정체성은 유다와 베
냐민의 대적이라는 것이다.

게다가 그들이 들은 소식은 사로잡혔던 자들의 자손이 성전
을 건축한다는 것이었다. 당시 이스라엘이 바벨론 포로에서 돌
아왔으니 사로잡혔던 자들의 자손인 것은 맞다. 하지만 굳이 이
처럼 능멸하는 표현을 쓰는 심보가 무엇일까? 요컨대 그들은
이스라엘을 탐탁하지 않게 여겼다. 어떻게 해서든지 그들이 하
는 일을 방해하고 싶었다. 겉으로는 성전 재건에 참여하게 해달

라고 했지만, 속마음은 그게 아니었다. 그들은 자칭 유대인이라 하나 실상은 그렇지 않은 자들이었다.

그런 제안은 당연히 거절해야 한다. 얼핏 생각하면 세상과 타협하는 것이 꿩 먹고 알 먹는 방법인 것 같지만 그런 말은 속 담에만 존재할 뿐, 신앙에는 적용되지 않는다. 이때 이들의 제 안을 승낙했다면 처음에는 잠깐 일이 쉬워지는 것처럼 보였을 지 몰라도 결국 일을 망치고 말았을 것이다.

그렇다고 해서 그 제안을 거절하면 형통하게 되는 것도 아니 다. "이스라엘이 그들의 제안을 거절했더니 이후로 모든 일이 다 술술 풀렸더라"라는 내용은 성경에 없다. 오히려 고초를 겪 게 된다.

결국 방해 공작이 시작된다. 사마리아 사람들이 관리에게 뇌 물을 줘서 성전 건축을 막은 것이다. 급기야 주전 537년에 성전 건축을 중단하라는 조서가 내려진다. 당시 고레스는 전쟁 중이 라 국정을 살뜰하게 챙기지 못했고 관리들은 제대로 근무를 안 한 모양이다.

그러면 이스라엘 백성들의 마음은 어땠을까? 오로지 성전 건 축을 향한 열망이 가득했는데 외부의 압력 때문에 어쩔 수 없이 성전 건축을 중단해야 했을까?

만군의 여호와가 이같이 말하여 이르노라 이 백성이 말하기를

〈성전 재건〉(에스라 3:12), 귀스타브 도레 作(Paul Gustave Doré, 1832-1883).

여호와의 전을 건축할 시기가 이르지 아니하였다 하느니라 여
호와의 말씀이 선지자 학개에게 임하여 이르시되 이 성전이 황
폐하였거늘 너희가 이때에 판벽한 집에 거주하는 것이 옳으냐
(학 1:2-4).

이 시기에 활동한 선지자가 학개와 스가랴다. 특히 하나님께

서 학개를 통하여 말씀하신다. 백성들이 아직은 성전을 건축할 때가 아니라고 한다는 것이다. 그래서 성전은 황폐하게 방치한 채 자기들은 제대로 된 집에 거주하는 것이 말이 되느냐고 지적한다.

당시 상황을 상상할 수 있다. 이스라엘은 분명히 성전 건축의 열망을 안고 바벨론에서 돌아왔다. 바벨론에서 예루살렘까지 무려 1,500km 거리다. 우리나라를 삼천리라고 하는데 삼천리면 1,200km다. 하물며 그 옛날 1,500km를 이동하는 것이 보통 일이었을까?

고국에 돌아온 그들은 무척 감격했을 것이다. 하지만 현실은 현실이다. 망국의 유민들끼리 모여서 성전을 재건하는 일이 수월하게 진행되었을 리 없다. 무엇보다 성전 재건에만 매달린다고 먹고사는 일이 저절로 해결되는 것도 아니다. 당장 먹고살아야 성전도 지을 것 아닌가? "아직은 때가 아니다. 일단 우리 앞가림이 급하다. 우선 힘을 비축한 다음에 성전을 재건하는 것이 순서다."라고 하는 사람이 있었을 것이다. 설상가상으로 성전 건축을 중단하라는 바사 왕의 조서까지 내려왔다.

그러면 하나님은 무엇을 하셔야 할까? 바사 왕의 조서를 철회하게 하는 것이 문제가 아니다. 이스라엘의 마음을 다잡아야 한다. 그래서 학개와 스가랴를 통하여 이스라엘을 일깨우신다.

이렇게 해서 성전 건축 공사가 재개되고, 사마리아 총독이 이 일을 바사 당국에 알려서 자문을 구한다. 이런저런 건물이 건축되고 있는데, 건축을 허락한 적이 있는지 확인해 달라고 한 것이다. 바사 당국에서 그것을 허락했으면 그런 명령을 내렸던 기록이 있을 것이기 때문이다.

이에 다리오왕이 문서 창고를 조사하게 하니 메대도 악메다 궁성에서 한 두루마리가 나왔다. 고레스왕이 그런 조서를 내린 사실이 확인된 것이다. 조서에는 성전 재건에 들어가는 경비를 왕실에서 부담한다는 말과 함께 느부갓네살이 탈취해 간 성전의 그릇을 제자리에 돌리라는 말도 있었다.

다리오왕의 조치는 그것이 전부가 아니었다. 성전 재건 공사를 방해하던 사마리아 사람들을 성전 공사 현장에 범접하지 못하게 하는 한편 제사를 드릴 때 필요한 품목들도 얼마든지 청구하라고 했다. 혹시 성전 공사가 불법으로 판결 나면 어떡하나 하고 조마조마하던 이스라엘로서는 기대 이상의 낭보인 셈이다. 이렇게 해서 다리오왕 6년(주전 516년)에 성전이 완공된다. 이때의 성전을 스룹바벨 성전이라고 한다.

바사 왕 캄비세스

고레스와 다리오 사이에 캄비세스(Cambyses)라는 왕이 있었다. 재위 기간도 짧고 성경에도 나오지 않는다. 고레스의 아들

<이집트의 황소를 죽인 캄비세스>, 아서 망간 作(Arthur Mangin, 1872).

로, 고레스의 아버지와 이름이 같다. 고레스가 아버지의 이름으로 아들 이름을 지은 것이다. 고대에는 아버지나 할아버지의 이름으로 이름을 짓는 경우가 흔했다.

고레스는 메대를 장악한 후 29년을 재위하면서 리디아, 앗수르, 바벨론을 정복했다. 나이 일흔이 넘도록 정복 사업을 그치지 않았는데 마사게타이 전투 중에 죽었다. 그는 "죽을 수밖에 없는 인생들아, 나는 바사 제국을 설립했고 아시아의 주인이었던 캄비세스의 아들 고레스다. 나와 나의 무덤에 원한을 품지 말지어다"라는 비문을 남길 만큼 스스로 생각하기에 많은 민족을 정복한 군주였다.

반면 캄비세스는 애굽을 정복한 것 말고는 별다른 업적이 없다. 동생 스메르디스(Smerdis)와 함께 애굽을 침공했는데, 멤피스를 함락시키자 리비아, 키레네, 바르카 등이 스스로 찾아와서 항복을 청했다. 그런데 구스가 항복을 청하지 않았다. 캄비세스가 사절을 보내어 책망하니 자기 나라나 잘 다스리지, 남의 나라에 왜 신경 쓰느냐고 하면서 활을 하나 보내왔다. 그 활의 시위를 당길 힘이 있으면 도전을 받아줄 테니 정식으로 붙어보자는 것이었다. 단단히 화가 난 캄비세스가 활을 받아 들고 시위를 당기려고 했지만 요지부동이었다. 화도 나고 당황스럽기도 해서 쩔쩔매는데 동생 스메르디스가 활을 줘보라고 하더니 가볍게 당기는 것이었다.

그런 스메르디스에게 자기는 구스 원정을 떠날 테니 수사로 돌아가서 자기 대신 나라를 돌봐 달라고 당부했다. 아마 도성을 오래 비워둔 것이 마음에 걸린다고 했을 것이다. 그리고 그날 밤, 꿈을 꾼다. 손에 활을 든 스메르디스가 왕이 되었는데 그 키가 하늘에 닿는 것이었다. 왕위에 오른 사람은 늘 왕위 때문에 안절부절못하는 것일까? 메대 왕 아스티아게스도 꿈을 꾸고는 외손자를 죽이려고 하더니 캄비세스도 다르지 않았다. 심복 프렉사스페스를 불러서 수사로 돌아가는 스메르디스를 따라가서 죽이라고 했다.

구스 원정은 실패로 끝났다. 살아 돌아온 병사가 1/3밖에 되지 않았다. 그런 캄비세스에게 충격적인 소식이 전해진다. 스메르디스가 수사에서 왕위에 올랐다는 것이다. 깜짝 놀란 캄비세스가 프렉사스페스에게 정말로 스메르디스를 죽였느냐고 확인하니 그렇다고 했다. 그러면 답은 뻔하다. 캄비세스가 자리를 비운 사이에 가짜 스메르디스가 왕 행세를 한다는 뜻이다. 그는 메대 출신 사제의 동생으로, 스메르디스와 생김새가 비슷했는데 마침 이름도 스메르디스였다.

다급해진 캄비세스가 말에 오르다가 자기 칼에 허벅지를 찔렸고 그것이 그만 파상풍으로 악화되었다. 결국 캄비세스는 다메섹까지 와서 죽는다. 왕위에 오른 지 7년 5개월 만이고 후사도 없었다.

다리오의 등장

수사에서는 여전히 가짜가 왕 행세를 하고 있었다. 그런데 공식 석상에 좀처럼 모습을 나타내지 않았다. 왕을 만날 수 있는 사람은 메대 출신 사제인 그의 형뿐이었다. 하루 이틀도 아니고 그런 날이 마냥 계속되니 의심하는 사람이 생기기 시작했다. 가장 먼저 알아차린 사람은 나이 든 귀족 오타네스였다. 그를 중심으로 여섯 명이 뜻을 모아서 가짜 왕을 축출할 계획을 세우는 차에 바사 총독 다리오가 수사에 도착해서 일곱 명이 된다.

가짜 왕이지만 엄연한 왕이다. 그런 왕을 몰아내는 것도 형식은 반란이기 때문에 섣불리 나서기에는 부담스러웠다. 마침 애굽에서 캄비세스의 심복인 프렉사스페스가 왔다. 프렉사스페스의 등장에 가짜 스메르디스의 형인 메대 출신 사제의 눈동자가 반짝거렸다. 프렉사스페스를 자기편으로 끌어들이면 되겠다고 생각한 것이다. 한 사람, 두 사람 왕을 의심하고 있기는 하지만 프렉사스페스가 백성들 앞에서 지금 왕이 고레스의 친아들이 맞다고 증언해주면 논란을 잠재울 수 있다. 은밀히 프렉사스페스를 만나서 설득한 끝에 협조를 약속받았다.

D-Day가 되었다. 백성들이 왕궁 앞에 모였다. 이제 프렉사스페스가 지금의 왕이 고레스의 친아들이고 캄비세스의 동생이라고 한마디만 하면 된다. 그런데 프렉사스페스는 지금의 왕은 가짜이고, 진짜는 자기가 왕명으로 죽였다고 말 하고는 왕궁 밑으로 뛰어내려 스스로 목숨을 끊고 말았다. 메대 출신 사제가 꾸민 계획이 물거품이 된 것이다. 이렇게 해서 오타네스와 다리오를 포함한 일곱 명이 승기를 잡는다. 왕궁으로 쳐들어가서 가짜 왕과 그의 형인 사제를 죽였다.

그러면 이제 새로운 왕을 뽑을 차례다. 일곱 명 중에서 누군가 왕이 되어야 한다. 유력한 후보인 오타네스는 다른 사람을 지배하지도 않고 지배를 받지도 않겠다는 조건으로 경쟁에서 빠진다. 왕이 될 기회를 면책 특권과 바꾼 것이다. 그러면 여섯 명이 남았다. 그 여섯 명이 정해진 곳까지 말을 타고 달리되, 가장 먼저 말이 우는 사람이 왕이 되기로 했다. 말을 타고 빨리 달리는 것으로 개인 능력을 측정하고, 누구의 말이 가장 먼저 우는지로 천명을 가늠하자는 것이었다.

마침 다리오의 마부가 참 영특했다. 하루 전에 다리오의 말을 교배하게 한 후, 상대한 암말의 소변을 도착 지점에 뿌려 놓았다. 그 잔꾀가 통했다. 앞서거니 뒤서거니 도착한 사람들이 서로 자기 말이 울기를 기다리는데 다리오의 말이 바로 울었다. 이렇게 해서 다리오가 세 번째 왕이 된다. 다리오는 이미 결혼해서 자식이 있었지만, 바사 왕으로서의 정통성을 위해서 고레스의 딸(캄비세스의 여동생) 아토사를 아내로 맞는다. 둘 사이에서 태어난 사람이 에스더의 남편 아하수에로다.

바사 vs 그리스

다리오와 아하수에로는 2대에 걸쳐 그리스 침략 전쟁에 실패한다. 주전 492년에 다리오가 일차로 침략했는데 폭풍 때문에 제대로 싸워보지도 못하고 함대 300척을 잃고 철수했다. 2년 후에 다시 침공했는데 이때 그 유명한 마라톤 전투가 있었다.

먼저 에우보이아(Euboea)가 제물이 되었다. 속절없이 약탈과 파괴를 당하고 주민들은 노예로 팔렸다. 이어 아테네 공략에 나선 바사가 마라톤 평원에 상륙한다. 다급해진 아테네가 스파르타에 도움을 요청했다. 스파르타는 거절하지는 않았지만 아무런 행동도 취하지 않았다.

바사의 원정군은 전함 600척에 보병 10만, 기병 1만이었고 아테네는 1만 명의 기갑병이 고작이었다. 그런데 아테네의 밀티아데스 장군(Miltiades, B.C. 550-489)이 열 배가 넘는 바사군을 궤멸시켰다. 아테네의 손실은 192명뿐이었다고 한다.

그 시각, 아테네에 있는 사람들이 얼마나 초조하게 전쟁 소식을 기다렸을까? 필리피데스(Pheidippides)가 승전보를 전하기 위해서 단숨에 아테네까지 달렸다. 그런데 숨 한 번 제대로 몰아쉴 틈도 없이 달렸기 때문이었을까? "우리가 이겼다!"라는 소식을 남기고는 그 자리에서 그만 숨이 끊어지고 말았다. 우리가 다 아는 마라톤의 기원이다. 그런데 그 거리가 정말로 42.195km였을까?

아테네에서 열린 제1회 근대 올림픽 때는 필리피데스가 달린 그대로 마라톤 평야에서 아테네까지 달렸다. 그 후 한동안 올림픽 때마다 거리에 차이가 있었다. 제4회 런던올림픽 때 마라톤 코스는 41.842km였다. 그런데 알렉산드리아 왕비가 경기를 보러 오는 바람에 왕비 앞까지 뛰게 하느라 코스가 연장되었다.

이때의 거리가 42.195km였다.

결국 다리오는 숙원 사업을 이루지 못한 채 죽었고, 아하수에로(Ahasuerus, B.C. 518~464)가 왕이 되었다. 세계사에는 크세르크세스(Xerxes)로 나온다. 아하수에로는 히브리 발음이고 크세르크세스는 영어 발음이다. 주전 485년에서 주전 464년까지 바사를 다스렸는데, 아하수에로 역시 그리스 정복에 혈안이었다. 다리오가 죽은 후 사방에서 일어난 크고 작은 반란을 진압하고는 바로 그리스 침공 계획을 세운다.

우선 그리스까지 일시에 진격하기 위해서 아시아와 유럽을 잇는 헬레스폰토스 해협에 다리를 만들기로 했다. 무려 1,300m에 이르는 대공사였다. 갖은 우여곡절 끝에 다리가 완공되었는데 공교롭게도 폭풍이 몰아쳤고, 기껏 만든 다리가 부서지고 말았다.

소식을 들은 아하수에로가 크게 노하여 바다에 채찍 300대를 치라고 명했다. 또 족쇄 한 쌍을 바다에 던져 넣으라고 했다. 채찍질을 하기에 앞서 이렇게 외치라고 했다. "이 짜고 쓴 물 놈아! 너의 주인님께서 너에게 이런 벌을 내리셨다. 너의 주인님께서는 너에게 아무런 해도 끼치지 않으셨는데, 네놈이 먼저 주인님께 활을 당겼기 때문이다. 아하수에로왕께서는 네가 무슨 짓을 하든지 너를 건너가실 것이다. 그리고 네놈에게 공물을 바치는 자는 이 세상에 단 한 사람도 없을 것이다. 네놈처럼 탁하고 짜고 쓴 물에게는 그것이 당연한 일이다." 아하수에로는 자기의 통치권이 바다에도 미친다는 사실을 선언하고 싶었던 모양인데, 그의 명령대로 바다에 채찍질을 하고 족쇄를 집어던진 사람은 어떤 마음이었을까?

그런 아하수에로였으니 그리스가 복종하지 않는 것을 잠시도 묵과하기 힘들었을 것이다. 주전 480년에 유례가 없을 정도로 엄청난 대군을 이끌고 그리스 원정에 나섰다. 그리스의 역사가 헤로도토스(Herodotos)는 150만 명이 넘었다고 기록에 남겼지만, 오늘날의 학자들은 현실적으로 30만 명 정도의 규모였을 것으로 본다.

바사군은 배를 이어 다리를 만들어서 헬레스폰토스 해협을 건넜고 그리스는 그리스 중부의 산악 지방 테르모필레(Thermopylae)의 험준한 산길을 방어선으로 삼았다. 그런데 숫자가 너무 적었다. 스파르타의 왕 레오니다스(Leonidas)가 이끄는 전사 300명과 펠로폰네소스 곳곳에서 차출된 병사와 테베 등지에서 파견된 병사를 포함해서 4,000명 정도가 전부였다. 마침 올림피아에서 축제가 열리고 있었기 때문이다. 전쟁 상황인데 축제를 이유로 출병하지 않는 것이 의아할 수 있지만, 당시에는 전쟁할 수 없는 기간에 전쟁하는 것이 몰상식한 일이었다. 이런 고민 끝에 레오니다스왕이 "축제가 끝날 때까지 300명의 근위대로 적군의 진격을 막고 있을 테니 축제가 끝나

〈테르모필레 전투의 레오니다스〉, 자크루이 다비드 作(Jacques-Louis David, 1814).

는 대로 바로 달려오라"라고 했다. 테르모필레의 지형을 이용하면 축제 기간 동안 버티는 것은 해볼 만한 일이라고 판단한 모양이다. 어쩌면 자신의 역량을 발휘할 기회로 여겼을 수도 있다.

그런데 아하수에로는 테르모필레 돌파를 강행하지 않고 정예 병력을 선발해서 산지를 우회했다. 이 사실을 안 레오니다스 왕이 다른 병사 8,000명에게 퇴각 명령을 내렸다. 300명의 스파르타 전사만으로 테르모필레를 사수하기로 작정한 것이다. 수년 전에 영화 〈300〉으로 제작되었던 내용이다. 이때 아하수에로가 투항을 권유하면서 그리스 전체를 지배할 권리를 주겠다고 했지만 레오니다스는 "살아서 그리스를 다스리는 것보다 자유를 지키기 위해서 죽겠다"라고 대답했다. 결국 그들은 몰살 당했고 훗날 그곳에 "이국인들이여, 스파르타 사람들에게 전하라. 조국을 위해 목숨을 바친 우리는 모두 이 땅에 잠들었노라고…"라는 기념비가 세워졌다. 하지만 그냥 몰살당한 것이 아니다. 그 전투에서 바사군 2만 여명이 죽었다.

전운이 더 깊어져 갔다. 그리스 국토 2/3가 유린당했다. 아테네의 테미스토클레스(Themistocles, B.C. 524-459)는 평원에서 싸우면 승산이 없다는 판단으로 성을 비워둔 채 살라미스섬으로 피신했다. 텅 빈 성에 입성한 바사군은 사방에 불을 질렀다. 아테네 시민들은 자기들이 살던 성이 불타는 것을 속수무책으로 지켜보아야 했다. 이제 살라미스 해전(Battle of Salamis)이 일어날 차례다.

그런데 주전 483년, 아테네의 라우레이온(Laureion)에서 어마어마한 은광이 발굴되었다. 아테네 시민 한 사람당 10드라크마씩 분배하자는 의견도 있었지만 데미스토클레스가 전쟁에 대비해서 해군력을 증진하자고 했다. 이렇게 해서 갤리선이라고 불리는 3단 노선 200여 척을 건조했고, 덕분에 아테네는 해상 강국이 되었다.

이때 아하수에로는 바다가 보이는 곳에 옥좌를 놓고 앉아서 해전을 구경했다. 완승을 추호도 의심하지 않았다. 바사는 큰 배가 1,000척인데 비해 아테네는 작은 배가 370척이었으니 그럴 만도 했다. 그런데 데미스토클레스가 바사 해군을 좁은 해협으로 유인한 다음 충돌 전법으로 맞서서 11시간 만에 승리를 거두었다. 아하수에로는 200여 척의 전함이 격침당하고 200여 척의 전함이 포획당하는 것을 속절없이 지켜봐야 했다. 아테네의 피해는 40척에 불과했다. 살라미스 해전은 역사상 최초의 대규모 해전이다.

마라톤 전쟁이든 살라미스 해전이든 아테네로서는 국운을 건 싸움에서 이긴 것이었다. 정말 천신만고 끝에 이겼고, 악전고투 끝에 이겼고, 천우신조로 이겼다. 하지만 바사 입장에서는 자기들의 패권을 확인하려는 전쟁에서 진 것에 불과했다. 육군이 여전히 건재했고 함선들도 남아 있었다.

아하수에로가 다시 공격을 명했다. 살라미스섬을 철저하게 짓밟을 작정으로 마르도니우스(Mardonius, B.C. ?~479)에게 그 임무를 맡겼다. 마르도니우스는 일단 아테네를 회유하기로 했다. 사절단을 보내서 아테네의 자유와 독립을 보장하고 파괴된 도시도 재건해 줄 것이며 그리스 세계에서의 패권도 계속 인정해주겠다고 했다. 상당히 달콤한 제안이다. 리키다스라는 명문 귀족이 그 제안을 민회에 회부해서 논의해 보자고 했다. 그랬다가 그 가족까지 전부 돌에 맞아 죽었다. 아테네 시민들은 그런 제안을 듣는 것조차 용납하지 않았다.

이렇게 해서 플라타이아 전투(Battle of Plataea)가 벌어진다. 마르도니우스가 군사를 이끌고 쳐들어오자 아테네 시민은 다시 살라미스섬으로 피신할 수밖에 없었다. 여태껏 재건한 아테네가 다시 불타게 되었지만, 별다른 도리가 없었다. 그런 그들이 항복 논의를 거절한 것은 믿는 구석이 있어서가 아니었다. 그들 뇌리에는 항복이라는 개념 자체가 없었다.

지구전에는 살라미스가 유리하다. 하지만 바사를 몰아내려면 살라미스를 지키는 것만으로는 안 된다. 육지에서 이겨야 한다. 마침 스파르타가 동맹군을 이끌고 참전했다. 아테네도 8,000명의 중무장 보병이 있었다. 최종적인 승리를 위해 바다에서 다시 뭍으로 올라온 것이다. 고향을 잃고 난민으로 떠돌던 플라타이아의 중무장 보병 600명도 참전했다.

두 군대가 테베 인근 플라타이아 평원에서 대치했다. 불에 탄 플라타이아가 훤히 보이는 곳이었다. 이때 그리스 연합군은 보급이 원활하지 못했다. 한밤을 이용해 플라타이아 쪽으로 후퇴하는데 어둠과 낯선 지형 때문에 대오를 잃고 뿔뿔이 흩어졌다. 마르도니우스가 기회를 놓치지 않고 총공격을 명했다. 바사군은 스파르타군과, 테베군은 아테네군과 맞붙었다. 테베는 동족인 그리스를 버리고 바사 편에 붙었다. 스파르타는 최악의 상황에서 전투를 시작했지만, 끝끝내 판세를 뒤집어 냈다. 죽음을 두려워하지 않는 전사들로 구성된 스파르타의 방진은 천하무적이었다. 난전 중에 마르도니우스가 죽었고, 그것으로 바사가 무너졌다. 두 시간 남짓한 시간에 바사군이 거의 전멸했다. 마라톤 전투와 살라미스 해전에 이어서 다시 그리스 연합군이 예상밖의 승리를 거두었다. 패권주의를 표방한 바사의 코만 납작해졌다.

펠로폰네소스 전쟁

바사가 존재하는 한 그리스는 그 위협에 대비해야 했다. 여러 도시 국가들이 아테네를 중심으로 델로스 동맹(Delian League)을 맺었다. 주전 478년의 일이다. 이름을 델로스 동맹이라고 한 이유는 동맹국들이 내는 기금을 델로스섬의 아폴론 신전에 보관했기 때문이다. 그런데 나중에 아테네가 그 기금을 아테네로 옮겼다. 그만큼 힘이 세진 것이다.

여러 도시 국가들 사이에서 불만이 생기기 시작한다. 마침 고린도의 식민지였던 케르키라(Kerkyra)가 독립 전쟁을 일으켰는데, 아테네가 케르키라를 지원하자 고린도가 스파르타에 지원을 요청했다. 이에 스파르타를 중심으로 하는 펠로폰네소스 동맹에 속한 도시 국가들이 아테네와의 전쟁을 결의한다. 이렇게 해서 주전 431년에서 주전 404년까지 3차에 걸친 펠로폰네소스 전쟁(Peloponnesian War)이 시작된다. 아테네가 고린도와 케르키라의 분쟁에 개입한 것이 도화선이 되기는 했지만, 스파르타

필로폰네스 전쟁(Peloponnesian War, B.C. 431-B.C. 404).

로서는 아테네가 계속 팽창하는 것을 마냥 두고 볼 수 없었다. 아테네가 맹주인 델로스 동맹과 스파르타가 맹주인 펠로폰네소스 동맹 간의 전쟁인데 펠로폰네소스 전쟁이라고 부르는 것에서 전쟁의 향배를 짐작할 수 있다. 스파르타가 이긴 것이다.

본래 스파르타는 육군이 강하고 아테네는 해군이 강하다. 스파르타는 아테네의 해군력에 대응하기 위해서 바사에게 도움을 요청했다. 얼마 전까지 아테네와 연합해서 바사와 싸웠는데, 상황이 바뀐 것이다. 아테네를 이기는 일이 더 급했다.

이렇게 해서 스파르타가 그리스에서 가장 강력한 폴리스가 되었지만, 오래가지는 못했다. 스파르타의 강압적 지배에 불만을 품은 테베, 고린도 등이 아테네를 앞세워 반기를 들었다. 결국 그리스의 지배권이 테베에 넘어가고 만다.

대체 스파르타는 왜 아테네를 이기려고 했을까? 얼마 전까지 주적이던 바사까지 끌어들이면서 아테네를 이긴 유익이 무엇일까? 그렇게 해서 스파르타의 자존심은 세웠는지 모르지만 그리스는 몰락하게 된다.

역사가 주는 묵상

• 바벨론에서 돌아온 이스라엘이 성전을 재건하는데, 사마리아 사람들이 같이 하자고 나섰다. 그 제안을 거절하면 일이 어렵게 되고 제안을 승낙하면 일을 아예 망치게 된다. 이럴 때는 어떻게 해야 할까?

다른 수가 없다. 이때 이스라엘의 책임은 일차적으로는 사마리아인들의 제안을 거부하는 것이고, 그다음에는 그들의 방해 공작을 견디는 것이다. 어려울 수밖에 없는 환경에 놓였으면 어려움을 감수하는 것이 책임이다. 우리가 관심을 가져야 할 내용은 "어떻게 하면 세상을 쉽게 살 수 있느냐?"가 아니라 "어떻게 하면 세상을 바로 살 수 있느냐?"이다.

혹시 어떤 제안을 받고 난처했던 적이나, 별수 없다는 생각으로 승낙했다가 후회한 적은 없는가?

• 마라톤 거리가 42.195km가 된 것에는 비하인드 스토리가 있다. 선수를 기준으로 규칙을 정한 것이 아니라 왕비를 기준으로 규칙을 정한 것이다. 운동 경기가 그렇다면 우리가 하는 신앙생활은 오죽할까? 기준은 우리가 아니다. 오직 하나님 한 분만이 기준이 되신다. 특히 우리 삶의 어떤 부분에서 하나님이 기준이라는 사실이 선포되어야 하는지 각자 얘기해 보자.

• 마르도니우스가 아테네에 유화책을 제안했을 때 리키다스가 그 제안을 민회에서 논의해 보자고 했다가 돌에 맞아 죽었다. 아테네 시민들은 그런 제안을 듣는 것조차 용납하지 않았다.

우리 주변에서 들리는 제안 중에 한마디로 거절해야 할 제안이 있다면 어떤 것이 있을까?

주요 등장인물

아스티아게스(Astyages)

메대의 마지막 왕으로 고레스의 외조부다. 그의 딸 만다네가 낳은 아들에 의해 왕국이 망한다는 말을 듣고는 고레스를 죽이려 했지만 실패하고, 결국 고레스에게 나라를 넘겨주게 된다.

만다네

메대의 공주로 고레스의 어머니다.

하르파고스(Harpagus)

아스티아게스의 심복이었지만 만다네가 낳은 아이를 죽이라는 명령을 이행하지 않은 벌로 아들이 죽는 비극을 맛보고는 아스티아게스에게 등을 돌리고 고레스 편을 든다.

캄비세스(Cambyses)

고레스의 아들로 애굽을 정복한 데 이어 구스 정벌에 나섰다가 실패했는데, 그런 과정에서 동생 스메르디스를 질시하여 심복 프렉사스페스를 시켜 죽이게 한다.

스메르디스(Smerdis)

캄비세스의 동생으로 캄비세스의 질시 때문에 죽는다.

오타네스(Otanes)

스메르디스왕이 가짜인 것을 제일 먼저 알아차린 나이 든 귀족. 가짜 왕을 몰아낸 다음에 왕권 경쟁은 스스로 사양한다.

프렉사스페스

캄비세스의 심복. 캄비세스의 명령으로 스메르디스를 살해한다. 나중에는 가짜 스메르디스의 정체를 밝히고 스스로 목숨을 끊는다.

다리오

바사 총독으로 있다가 가짜 스메르디스왕을 축출하고, 이어서 왕권 경쟁에서 승리하여 바사 왕이 된다. 에스더의 남편인 아하수에로의 아버지다.

밀티아데스(Miltiades)

마라톤 전쟁을 승리로 이끈 아테네의 장수

필리피데스(Pheidippides)

단숨에 마라톤 평야를 달려서 전쟁의 승리 소식을 아테네에 알린 전령

크세르크세스(Xerxes)

아하수에로의 영어식 이름. 여러 차례의 그리스 정복 전쟁에서 계속 실패한다.

레오니다스(Leonidas)

테르모필레에서 300명의 군사로 바사군에 맞서 싸우다 전사한 스파르타왕

데미스토클레스(Themistocles)

살라미스 해전을 승리로 이끈 아테네 장수

마르도니우스(Mardonius)

플라타이아 전투에서 패배한 바사의 장수

04
헬라 제국

마케도니아의 부상

그리스의 도시 국가들이 자기들끼리 경쟁하는 사이에 필리포스 2세(Philippos II, B.C. 382-336)가 마케도니아의 왕이 된다. 필리포스 2세는 왕이 되기 전에 테베에서 인질 생활을 했다. 당시는 그리스의 패권이 테베에 있었다. 그곳에서 테베의 보병 운용을 눈여겨보았다. 나중에 마케도니아 왕이 된 다음에 시민군으로 구성된 그리스의 전통적인 팔랑크스(Phalanx)를 개선하여 장창으로 무장한 보병 부대를 만든다. 이 보병 부대와 귀족, 지주 계층으로 이루어진 중무장 기병이 마케도니아의 핵심 전력이 된다.

예전에 군 생활을 소재로 한 개그 프로를 본 적이 있다. 신병이 들어오자 고참이 장난을 친다. 소총을 갖고 왔느냐고 하면서, 안 갖고 왔으면 얼른 P.X.에 가서 사 오라고 한 것이다. 하지만 이런 말이 농담이 아닌 시대가 있었다. 고대의 군인들은 필요한 장비를 직접 준비해야 했다. 갑옷이나 칼, 창이 전부 자기 부담이었다. 중무장 기병이 귀족과 지주 계층으로 구성된 이유가 여기에 있다. 말을 기를 만한 경제적 능력이 있는 집에서 자라야 했고, 그 말을 능숙하게 탈 줄도 알아야 했다.

마케도니아는 산악 지역이어서 통일 국가를 이루지 못하고 여러 부족으로 나뉘어 있었다. 필리포스 2세가 그런 마케도니아를 통일하고 고린도를 정복한다. 이어 테베를 정복하고 아테네 연합군을 격파해서 그리스 전체를 굴복시킨다. 그리스에 늘 야만인 취급을 받던 마케도니아가 그리스를 지배하게 된 것이다. 게다가 필리포스 2세에게는 행운도 따랐다. 크레니데스 (Crenides)에서 금광이 발견된 것이다. 엄청난 재력이 확보된 것에 크게 고무된 필리포스 2세가 그 도시 이름을 자기 이름을 따서 필립피로 바꿨다. 성경에서는 빌립보라고 한다.

여진족이나 거란족이 중원을 지배할 때 한족의 마음이 어떠했을까? 그런 일이 발칸반도에서 일어났다. 사실 펠로폰네소스 전쟁의 여파다. 자기들끼리 싸우느라 힘을 다 썼으니 어쩔 수 없는 일이다. 그런데 이런 필리포스 2세의 연이은 승리를 한탄하는 사람이 있었다. 그의 아들 알렉산더였다. "아버지가 다 정복해버리면 나는 뭘 하란 말인가?"라며 한탄했다.

그런데 필리포스 2세가 바사 정벌을 계획하던 중 암살을 당해 갑자기 생을 마감하고, 알렉산더가 20세의 나이로 왕위에 오른다. 그동안 필리포스 2세의 위세에 숨죽여 지내던 그리스 도시 국가들이 알렉산더를 업신여겨서 반란을 일으킨다. 하지만 알렉산더는 호락호락하지 않았다. 즉시 군대를 휘몰아 테살리아(데살로니가), 테베, 아테네, 스파르타를 차례로 정벌하고 그리스 전역을 순식간에 장악한다. 그리고 스스로 바사 정복을 위한 총사령관 자리에 오른다. 이때 알렉산더가 이끈 군대는 보병 32,000명과 기병 5,100명이었다고 한다.

알렉산더의 원정

알렉산더(Alexandros the Great, B.C. 356~323)가 맨 처음 정복한 곳은 트로이(Troy)였다. 소식을 들은 다리오왕이 정벌군을 보내면서 알렉산더를 사로잡아서 수사로 끌고 오라고 했다. 정벌군만 보내면 쉽게 해결될 문제로 생각했던 모양이다. 기록에 의하면 정벌군이 10만 명이었다고 한다. 그런데 그라니쿠스강에서 대패하고 말았다. 알렉산더는 사르디스, 에베소, 밀레도 등 소아시아 여러 성을 정복하면서 해방과 자유를 선포했다. 바사의 압제에서 벗어나게 해준다는 것이었다. 이런 알렉산더의 정책에 따라 알렉산더를 해방자로 맞아들이는 성들도 있었다.

이수스 전투(Battle of Issus, B.C. 333).

사태의 심각성을 느낀 다리오가 친히 정벌에 나선다. 이때 동원된 군사가 60만이었다고 한다. 이렇게 해서 주전 333년에 이수스 전투(Battle of Issus)가 벌어진다. 숫자로는 분명히 바사가 유리했다. 그런데 알렉산더는 용병술의 천재였다. 이 전투에서 마케도니아는 기병 150명과 보병 300명이 전사했을 뿐이다. 별 어려움 없이 승리했다는 뜻이다. 바사군은 보병 10만 명과 기병 1만 명이 죽거나 포로가 되었는데, 포로 중에는 다리오의 어머니와 아내, 그리고 자식까지 포함되어 있었다. 다리오는 가족이 포로가 되는 것도 막지 못한 채 황급하게 도망쳐야 했다.

이제 알렉산더가 진군 나팔을 한 번만 더 불면 바사는 숨통이 끊어질 판이다. 그런데 알렉산더는 다리오 추격을 뒤로 미루고 군대를 애굽으로 돌렸다. 이런 소식이 전해지자 비블로스와 아라두스, 마라토스, 시돈이 줄줄이 항복했는데 유독 두로가 항복을 거부했다. 심지어 알렉산더가 보낸 사절단을 죽이기까지 했다.

두로는 두 부분으로 되어 있다. 하나는 내지에 있는 성채이고 다른 하나는 연안에서 800m 떨어진 곳에 있는 요새화된 섬이다. 그래서 난공불락이다. 두로는 페니키아(Phoenicia)를 이루는 도시 국가 중 하나다. 번성할 때는 두로, 시돈, 베리투스, 트리폴리, 아크레, 비블로스, 아라두스, 마라토스, 우가리트 등으로 구별해서 말했는데 로마 시대에는 페니키아로 통칭했다. 나중에 포에니 전쟁으로 로마와 지중해의 패권을 놓고 자웅을 겨룬 카르타고(Carthago)가 페니키아의 식민지였다.

세계사 시간에 페니키아는 해상 무역이 발달했다고 배운 기억이 있다. 해군이 강할 수밖에 없다. 두로의 경우, 내지에 있는 성채를 무너뜨린다고 해도 요새화된 섬은 공략할 재간이 없다. 그런 이점 때문에 앗수르의 산헤립이 5년 동안 공격했어도 별 타격이 없었다. 느부갓네살은 13년 동안 내지의 성채를 포위해서 겨우 정복했지만, 두로 사람들이 내지 성채를 버리고 섬으로 대피한 상태였기 때문에 얻은 것이 없었다.

알렉산더는 달랐다. 내지의 성채를 파괴한 다음 그 잔해로 육지에서 섬까지 둑길을 쌓았다. 물론 쉽지 않았다. 두로가 손

놓고 구경만 했을 리가 없다. 화살을 쏘고 돌을 날리며 공사를 방해했다. 섬에 가까워질수록 방해가 극심해졌다. 알렉산더가 둑길 끝에 공격용 탑을 세워서 대응하자, 역청과 유황을 채운 배에 불을 지른 다음에 띄워 보내서 공격용 탑을 불태우기도 했다. 이에 알렉산더는 함대를 동원해서 섬의 항구를 봉쇄했고 결국 7개월 만에 섬을 점령했다.

항복을 거부한 대가는 참혹했다. 기록에 의하면 알렉산더가 8천 명을 살육하고 3만 명을 노예로 팔았다고도 하고, 2천 명을 살육하고 3만 명을 노예로 팔았다고도 한다. 일찍이 아모스 선지자가 노예무역으로 인한 두로의 죄악상을 지적했는데 그들이 노예로 전락한 것이다.

> 그가 그 말굽으로 네 모든 거리를 밟을 것이며 칼로 네 백성을
> 죽일 것이며 네 견고한 석상을 땅에 엎드러뜨릴 것이며 네 재
> 물을 빼앗을 것이며 네가 무역한 것을 노략할 것이며 네 성을
> 헐 것이며 네가 기뻐하는 집을 무너뜨릴 것이며 또 네 돌들과
> 네 재목과 네 흙을 다 물 가운데에 던질 것이라(겔 26:11-12).

> 인자야 너는 두로 왕에게 이르기를 주 여호와께서 이같이 말씀
> 하시되 네 마음이 교만하여 말하기를 나는 신이라 내가 하나님
> 의 자리 곧 바다 가운데에 앉아 있다 하도다 …(중략)… 그들이

칼을 빼어 네 지혜의 아름다운 것을 치며 네 영화를 더럽히며 또 너를 구덩이에 빠뜨려서 너를 바다 가운데에서 죽임을 당한 자의 죽음같이 바다 가운데에서 죽게 할지라(겔 28:2-8).

에스겔 선지자가 이런 예언을 했을 때 누가 곧이들었을까? 당시 두로는 아무것도 부족하지 않은 나라였다. 해상무역으로 인한 부가 넘쳐나서 스스로 신에 비견할 만큼 교만했다. 그런데 "네 돌들과 네 재목과 네 흙을 다 물 가운데 던질 것이라"라고 한 것처럼 성채의 잔해가 둑길이 되었고, "너를 바다 가운데에서 죽임을 당한 자의 죽음같이 바다 가운데서 죽게 할지라"라고 한 것처럼 바다 가운데에서 운명을 맞아야 했다.

가사도 항복하지 않고 두 달 동안 항전했다. 항전의 대가로 남자들은 살육당하고 여자와 아이들은 노예로 팔려갔다.

생각지도 않게 두로와 가사에서 시간을 지체한 알렉산더는 시리아를 점령하고 애굽으로 향했다. 중간에 팔레스타인이 있다. 다른 지역은 항복하거나 저항하는 형태를 취했지만 이스라엘은 저항도 안 하고 항복도 안 했다. 그런데 아무런 피해를 입지 않고 오히려 세금 면제 혜택까지 받았다.

요세푸스(Flavius Josephus)를 통해서 전해지는 이야기가 있다. 바사와의 전쟁을 궁리하는 알렉산더가 꿈을 꾸었다. 자주색과 주홍색 옷을 입고 하나님의 이름이 새겨진 금패가 달린 모자를 쓴 사람이 나타나서 자기가 군대를 인도해 바사를 이기게 해준다고 하는 꿈이었다. 그런데 두로와 가사를 거쳐 예루살렘에 도착할 즈음에 꿈에서 본 그 사람이 알렉산더를 맞이했다. 대제사장 야두아였다. 야두아가 그리스 왕이 바사를 정복한다는 다니엘서 내용을 보여주자 알렉산더는 이를 자기에 대한 예언으로 받아들였다고 한다.

그 후에 내가 또 본즉 다른 짐승 곧 표범과 같은 것이 있는데 그 등에는 새의 날개 넷이 있고 그 짐승에게 또 머리 넷이 있으며 권세를 받았더라(단 7:6).

내가 눈을 들어 본즉 강가에 두 뿔 가진 숫양이 섰는데 그 두 뿔이 다 길었으며 그중 한 뿔은 다른 뿔보다 길었고 그 긴 것은 나중에 난 것이더라 내가 본즉 그 숫양이 서쪽과 북쪽과 남쪽을 향하여 받으나 그것을 당할 짐승이 하나도 없고 그 손에서 구할 자가 없으므로 그것이 원하는 대로 행하고 강하여졌더라 내가 생각할 때에 한 숫염소가 서쪽에서부터 와서 온 지면에 두루 다니되 땅에 닿지 아니하며 그 염소의 두 눈 사이에는 현저한 뿔이 있더라 그것이 두 뿔 가진 숫양 곧 내가 본바 강가에 섰던 양에게로 나아가되 분노한 힘으로 그것에게로 달려가더니 내가 본즉 그것이 숫양에게로 가까이 나아가서는 더욱 성내어 그 숫양을 쳐서 그 두 뿔을 꺾으나 숫양에게는 그것을 대적할 힘이 없으므로 그것이 숫양을 땅에 엎드러뜨리고 짓밟았으나 숫양을 그 손에서 벗어나게 할 자가 없었더라(단 8:3-7).

털이 많은 숫염소는 곧 헬라 왕이요 그의 두 눈 사이에 있는 큰 뿔은 곧 그 첫째 왕이요(단 8:21).

정말로 그런 일이 있었는지 여부는 알 수 없지만 알렉산더가 예루살렘에 우호적이었던 것은 분명하다. 예루살렘을 공격하는 것은 고사하고 야두아의 조언에 따라 성전에서 제사를 드렸다. 흡족해진 알렉산더가 백성들에게 원하는 것이 있는지 묻자 백성들은 두 가지를 말했다. 율법을 지키며 살 수 있게 해주는 것과 안식년에는 세금을 면제해 주는 것이다. 알렉산더는 흔쾌히 허락했다.

이 소식을 들은 사마리아 사람들이 유대인을 따라 하기로 했다. 멀리까지 나와 알렉산더를 환대하고는 자기들도 매 7년에는 씨를 뿌리지 않는다며 조공을 면제해 달라고 했다. 알렉산더는 그들의 정체를 꼬치꼬치 캐물었다. 특히 유대인과 어떤 관계인지 집중 추궁했다. 결국 유대인이 아닌 것이 확인되었고, 매 7년 세금 면제는 당연히 무산되었다.

알렉산더가 예루살렘을 거쳐 애굽에 이르자 지방 방백들이

앞다투어 항복했다. 바사를 증오하던 그들은 알렉산더를 구원자로 환영하기도 했다. 아몬 신전에서 바로로 취임한 알렉산더는 애굽에 자기 이름을 딴 도시 알렉산드리아를 건설하는 등 그리스 문명을 이식했다.

바사 멸망

드디어 알렉산더가 바사의 심장부인 메소포타미아로 진군한다. 양군이 가우가멜라 평원에서 맞섰는데, 마케도니아는 보병과 기병 합해서 4만 7천 명 정도였던 반면 바사는 100만 명에 달했다고 한다. 하지만 고대의 기록을 그대로 믿을 수는 없다. 현대 역사가에 따르면 바사 정규군은 10만 명을 넘지 않았을 것이라고 한다. 정규군 외에 다리오가 바사 제국 전역에서 열심히 긁어모은 징집병들이 있었다. 하지만 농민들에게 병장기를 쥐여준 것에 불과하니 실제 전투력은 의문이다. 이런 징집병이 20만 명에 달했을 것이라고 하는데, 이들이 100만 명으로 부풀려졌을 것이다.

바사에는 마케도니아에 없는 전차가 있었다. 다리오는 전차의 활약을 기대하며 가우가멜라의 땅을 평평하게 다지기도 했다. 그런데 마케도니아군이 전차는 직진에 특화되었다는 사실을 이용해서 간단하게 무력화시키고 말았다. 전차가 대열 사이를 지나가도록 넉넉히 틈을 벌리니 전차는 속절없이 그냥 지나칠 수밖에 없었다.

전차 공격이 무력하게 끝나는 것을 보는 다리오의 마음이 어땠을까? 어쩌면 패배를 직감했을 것 같기도 하다. 알렉산더가 기병을 이끌고 자기가 있는 본진으로 쇄도하는 것을 보고 다리오는 혼비백산한다. 좌우익의 바사 기병이 본진을 구하려 했지만 이미 늦은 상태였다. 다리오가 달아나기 시작하자 그것으로 승패가 판가름났다. 왕이 달아나는 것을 본 바사군은 충격에 빠졌다. 전부 정신없이 도망하기 시작했고 기병대 역시 마찬가지였다. 알렉산더는 이 기회에 다리오를 잡으려고 전면 추격을 명했는데 마침 좌익에서 보낸 전령이 달려왔다. 사태가 위급하다며 구원해 달라는 요청이었다. 추격하면 다리오를 잡을 수 있지만, 그 대신 자기 군대를 잃어야 한다. 자기 군대가 없으면 세계 정복도 물거품이다. 결국 말머리를 돌려야 했다.

기록에 따르면 당시 바사군 좌익이 마케도니아 우익과 호각지세를 이루고 있었고, 바사군 우익은 마케도니아 좌익을 붕괴 직전까지 밀어붙이고 있었다고 한다. 다리오가 지레 도망하지 않고 조금만 버텼으면 승산이 있었다는 뜻이다. 결국 지도자의 용맹에서 승패가 판가름난 셈이다.

이렇게 가우가멜라 전투(Battle of Gaugamela)도 마케도니아의 승리로 끝났다. 전력만으로 보자면 바사군이 마케도니아군의

〈가우가멜라 전투〉, 샤를 르브룅 作(Charles le Brun, 1619-1690)

세 배가 넘었지만 알렉산더의 천재성과 용맹을 당할 수 없었다. 이수스 전투와 마찬가지로 다리오의 도주로 승패가 갈렸기 때문에 다리오는 크게 신망을 잃었고, 결국 부하의 손에 암살당하게 된다.

알렉산더가 수사에 입성했을 때 금과 은 1,200톤과 금화 270톤을 접수했다고 한다. 이때는 계속되는 전투로 국고가 꽤나 축난 상태였을 텐데 이 정도였으니 그전에는 얼마나 많은 금과 은이 있었을까? 얼마 전에 국립중앙박물관에서 열린 페르시아 유물 전시회 제목이 〈황금의 제국 페르시아 展〉이었다. 바사를 가리켜서 가히 황금의 제국이라고 할 만한 모양이다.

2차 포에니 전쟁 때 알프스산맥을 넘어 공격해 온 한니발(Hannnibal, B.C.247~183) 때문에 로마가 풍전등화의 위기에 몰린 적이 있다. 그때 스키피오(Scipio Africanus, B.C.236~B.C.184)가 아프리카로 건너가서 카르타고를 공격했고, 카르타고는 급히 한니발을 소환했다. 그리고 스키피오가 한니발을 이겼다. 그때 아프리카 한 마을에서 스키피오에게 아름다운 처녀를 바치겠다고 하자, 스키피오가 이렇게 말했다. "젊은 남자에게는 이보다 더 좋은 선물이 없겠지만, 전쟁을 해야 하는 장수에게는 이보다 더 곤란한 선물도 없다."

알렉산더에게서도 비슷한 일화가 전해진다. 수사성에서 알렉산더에게 아부하기 위해서 바사에서 가장 뛰어난 요리사를 바치겠다고 했다. 그런데 알렉산더가 거절했다. "열심히 최선을 다해서 땀 흘려 일하고 난 다음에 먹는 음식이 최고의 요리다"라는 것이 그 이유였다. 평생 흙을 일구며 산 촌로가 한 말이 아니다. 대제국을 일군 제왕이 한 말이다. 그는 향락이나 정욕에 별 관심이 없는 전형적인 군인이었다.

그런 알렉산더였지만 책에는 관심이 많았다. 특히 호머(Homer)의 《일리아드》(Iliad)를 좋아해서 늘 탐독했고, 잘 때는 곁에 두고 잤다고 한다. 수사성의 보물고에 갖가지 보석으로 장식된 보석함이 있는 것을 보고는 그 보석함에 《일리아드》를 넣기도 했다. 알렉산더에게는 《일리아드》가 최고의 보물이었다.

이렇게 해서 바사 제국이 기울고 헬라 제국이 탄생한다. 알렉산더는 자신은 물론이고 부하들도 바사 여자와 결혼하게 했다. 앗수르의 혼혈 정책과는 다르다. 그때는 앗수르 혈통은 보존하면서 피지배 민족들만 혼혈족으로 만들었는데, 알렉산더는 사해동포주의를 꿈꿨다. 가는 곳마다 헬라 문화를 이식했다. 하지만 그의 진정한 업적은 헬라어를 공용화한 것이다.

당시 헬라 제국을 오늘날의 세계지도에 그리면 리비아, 수단, 에티오피아, 이집트, 그리스, 이스라엘, 요르단, 레바논, 불가리아, 세르비아, 크로아티아, 헝가리, 우크라이나, 튀르키예, 아르메니아, 시리아, 리비아, 이란, 이라크, 아프가니스탄, 인도 일부가 다 포함된다.

이 넓은 지역 어디에서나 헬라어만 하면 의사소통이 가능하게 되었다. 또 그의 정복 사업으로 유대인이 광범위하게 분산되었다. 이것이 나중에 복음 전파의 씨앗으로 작용한다. 세속 역사가들은 예수에 의해서 시작된 기독교가 바울에 의해서 세계 종교가 되었다고 한다. 바울이 아니었으면 기독교가 팔레스타인을 넘지 못했을 것이라고도 한다. 알렉산더에게도 그런 평가를 빌려올 수 있다. 알렉산더가 헬라 제국을 세우지 않았으면 기독교가 세계 종교가 되는 데 심각한 장애가 있었을 것이다. 또 알렉산더는 이집트에 자기 이름을 딴 도시 알렉산드리아를 건설하고 거기에 세계에서 가장 큰 도서관을 만들었는데, 이 도서관이 나중에 70인역 번역의 모태가 된다.

70인역의 탄생

기독교 역사에서 70인역의 중요성은 아무리 강조해도 지나치지 않다. 기독교가 오늘날처럼 세계 종교로 발돋움한 데에는 70인역의 역할을 빼놓을 수 없기 때문이다.

알렉산더가 죽은 다음 헬라 제국이 애굽과 시리아, 소아시아, 마케도니아로 갈라진다. 애굽에는 프톨레미 왕조가 들어서는데, 유대가 프톨레미 왕조의 지배를 받은 적이 있다. 당시 알렉산드리아는 인구 100만 명의 세계적인 도시였고 도서관에는 20만 권의 장서가 있었다. 프톨레미 1세(프톨레미 소테르)를 이은

프톨레미 2세(Ptolemy II Philadelphus)

프톨레미 2세(프톨레미 필라델포스)가 유대 율법서를 헬라어로 번역하고 싶어 했고, 도서관장 데메트리우스(Demetrius)는 세계의 모든 책을 소장하고 싶어 했다. 자기 당대에 장서 50만 권이 목표였다.

율법서를 번역하려면 히브리어와 헬라어에 두루 능통한 사람이 필요하다. 율법에도 능해야 하지 않겠느냐 싶지만, 율법은 굳이 따질 필요가 없다. 당시 히브리어는 생활 언어가 아니었다. 생활 언어로는 아람어를 썼고 율법을 연구하는 극히 일부의

사람들만 히브리어를 알았다. 히브리어를 안다는 것은 곧 율법에 능통하다는 뜻이었다. 도서관장 데메트리우스가 이 문제를 프톨레미 2세에게 보고하고 유대에서 율법에 능통한 학자를 초빙하기로 했다.

유대 율법서를 번역하는 마당에 유대인을 노예로 부리는 것은 어색한 일이다. 우선 애굽에서 노예로 지내는 유대인들을 해방하기로 했다. 요세푸스에 의하면 당시 애굽에는 12만 명의 유대인 노예가 있었다고 한다. 애굽에는 바벨론 포로기 이전부터 유대인이 살고 있었다. 바벨론 포로기 때 총독 그달랴를 죽이고 애굽으로 간 사람들도 있었다. 또 프톨레미 1세 때의 전쟁 포로도 있었고, 자발적으로 간 사람도 있었다. 프톨레미 2세는 속전으로 1인당 20드라크마씩 모두 460달란트를 내어주고 노예들을 해방시켰다. 예레미야를 통한 하나님 말씀을 거부하고 애굽으로 갔던 사람들의 후손이 300년 만에 다시 출애굽을 하게 된 셈이다.

당시 대제사장은 엘르아살이었다. 프톨레미 2세가 엘르아살에게 금 50달란트를 예물로 보내면서 율법에 정통하며 헬라어에 능한 학자를 보내달라고 요청했고, 이렇게 해서 지파별로 6명씩 72명을 파송했다. 주전 250년경에 먼저 모세오경이 번역되었고 나머지는 그 후 100년에 걸쳐서 계속 번역되었다. 실제로는 72명이 번역에 참여했지만 70인역(七十人譯, Septuagint)이라고 부른다. 전해 오는 얘기에 따르면, 72명이 각자 독방에서 번역했는데 끝난 다음에 맞춰보니 전부 똑같았다고 한다. 물론 믿거나 말거나이다. 모세오경 번역이 끝난 후 프톨레미 2세가 유대로 돌아가는 학자들에게 최고급 옷 세 벌과 금 두 달란트, 한 달란트 값어치의 잔 한 개와 가구들을 선물로 줬다고 한다. 그만큼 극진하게 대접했다.

요컨대 70인역은 헬라어로 된 구약이다. 이스라엘이 바벨론 포로 생활을 하는 동안 자기들의 언어를 잃어버렸기 때문에 70인역을 번역했다는 말을 들은 적이 있는데, 정확한 얘기가 아니다. 당시 유대인들이 히브리어를 몰랐던 것은 맞지만 그들을 위해서 성경을 번역했다고 하기에는 작업이 너무 방대하다. 그런 엄청난 일을 다른 나라의 속국으로 지내는 백성들이 무슨 수로 감당한단 말인가? 유대인들을 위한 작업이라면 성경을 이방 언어로 번역할 것이 아니라 그들에게 히브리어를 익히게 하는 편이 유대인 생리에 맞지 않나 싶다. 당시 히브리어는 디아스포라는 물론이고 팔레스타인에 사는 유대인도 별도로 익혀야 하는 언어였다. 팔레스타인의 유대인은 아람어를 썼고 디아스포라는 헬라어를 썼다.

예수님의 제자들이 안식일에 밀 이삭을 잘라 먹은 적이 있다. 바리새인들이 이를 지적하자 예수님이 "다윗이 자기와 그 함께한 자들이 시장할 때에 한 일을 읽지 못하였느냐?"라고 하셨다. 또 바리새인들이 사람이 아내를 버리는 것이 옳은지 물었을 때는 "사람이 그 부모를 떠나서 아내에게 합하여 그 둘이 한 몸이 될지니라 하신 것을 읽지 못하였느냐?"라고 하셨다.

만일 바리새인이 아닌 평범한 유대인이 물었다면 "… 듣지 못하였느냐?"라고 하셨을 것이다. 당시 성경은 읽는 책이 아니라 회당에서 듣는 책이었다. 지금처럼 인쇄한 것이 아니라 일일이 필사했기 때문에 워낙 고가이기도 했지만, 성경을 읽을 수 있는 사람도 없었다. 전문적으로 연구하는 사람만 히브리어를 읽을 수 있었을 뿐이다. 이런 상황이었으니 70인역이 태어나지 않았다면 기독교는 구약 없이 신약만 있는 종교가 되었을 것이다.

외경 이야기

우리가 보는 구약은 39권이다. 그러면 70인역도 39권으로 되어 있을까? 우리가 믿는 기독교는 유대교에 뿌리를 둔다. 우리에게는 신약과 구약이 있지만 유대교에서는 예수님을 메시아로 인정하지 않는다. 그러면 유대교에는 구약만 있는가 싶지만, 그렇지도 않다. 신약이 없으니 구약도 있을 수 없다. 우리가 구약이라고 말하는 책을 그들은 '타나크'라고 한다. 토라(율법서)와 느비임(선지서), 케투빔(성문서)을 합한 말이다. 24권으로 되어 있지만 내용은 우리가 보는 구약과 동일하다. 편집의 차이일 뿐이다.

천주교는 그렇지 않다. 천주교의 구약은 우리가 보는 구약과 다르다. 우리가 정경(正經)으로 인정하지 않는 외경이 포함되어 있다. 정경은 성경의 다른 말일 수 있는데, '표준(Canon)'이라는 뜻이 있다. 외경은 표준에서 벗어난다는 뜻이다. 토비트, 유딧, 마카베오상, 마카베오하, 지혜서, 집회서, 바룩이 외경이다. 외경에도 포함 안 되는 위경(僞經)도 있는데, 거짓 위(僞)를 쓴다고 해서 내용에 거짓이 있다는 뜻이 아니다. 책에서 말하는 저자가 실제 저자가 아니라는 뜻이다. 예를 들어 에녹서는 에녹이 쓴 책을 표방했지만, 사실은 그렇지 않다. 고대에는 자기가 쓴 책에 권위를 부여하기 위해서 유명인의 이름을 차용하는 경우가 많았다. 첨언하면, 우리가 외경이라고 하는 책을 천주교에서는 외경이라고 하지 않는다. 외경(外經)은 편집 과정에서 본편에 수록되지 못하고 배제된 경전이라는 뜻인데, 천주교에서는 본편에 수록되어 있기 때문이다.

70인역은 애굽의 프톨레미 2세 때 번역되었다. 프톨레미 왕조는 클레오파트라를 끝으로 문을 닫고, 로마가 세계의 주인이 된다. 한동안 박해를 받던 기독교가 주후 313년 밀라노 칙령(dict of Milan)으로 공식적인 종교로 인정받더니 주후 395년에는 로마의 국교가 된다. 라틴어가 그만큼 중요하게 되었다. 헬라

성경을 연구하는 제롬

어로 된 성경을 라틴어로 번역할 필요를 느끼게 되었고, 제롬(Saint Jerome, 347-420)에 의해 불가타역(*The Vulgate*)이 탄생한다. '불가타'는 '대중적인'이라는 뜻의 라틴어다.

우리에게는 성경이 한 권의 책이다. 그러면 70인역이 번역될 당시에도 그랬을까? 성경을 뜻하는 Bible은 '책들'이라는 뜻의 헬라어 Biblia에서 나온 말이다. 성경은 한 권의 책이 아니라 여러 권의 책들로 이루어졌다. 유대교의 경전인 타나크는 주후 90년 얌니아 회의에서 결정되었다. 전래되는 숱한 고대 문서 중에 어떤 것이 성경이고 어떤 것이 성경이 아닌지 구별한 것이다.

제롬이 불가타역을 번역할 때 70인역에는 외경이 포함되어 있었다. 그것을 전부 번역하면서, 외경은 읽어서 유익하지만 거기에서 교리를 도출하면 안 된다는 단서를 달았다.

그때부터 불가타역이 1,000년 동안 유일무이한 공식 역본으로 인정되었는데, 시대가 변하면서 라틴어 역시 종교 언어가 되고 말았다. 이름은 불가타역인데, 모든 대중이 읽을 수 있는 것이 아니라 사제들만 읽을 수 있었다. 그래서 성경을 자국의 언어로 번역할 필요성이 대두되었다. 하지만 당시는 성경을 번역하는 것이 불법이었다. 거룩한 말씀을 세속적인 언어에 담을 수 없다는 것이 그 이유였다.

루터를 위시한 많은 종교 개혁자가 그런 논리에 동의할 리가 없다. 루터는 제롬처럼 외경을 따로 모아서 번역했는데, 초기에는 그런 번역이 주를 이루었다. 하지만 나중에는 외경을 뺀 번역이 나오기 시작했다. 1,000년 넘게 이어지던 불가타역의 권위를 인정하지 않은 것이다.

가톨릭에서 이것을 묵과하지 않았다. 불가타역의 권위를 주장하면서, 이를 따르지 않는 자들을 하나님의 이름으로 저주했다. 개신교 측이라고 해서 가만히 있었을까? 당연히 반발했다. 외경 제외를 공식화한 것이다. 이렇게 해서 가톨릭과 개신교는 서로 다른 구약을 갖게 되었다.

분열되는 헬라 제국

바사를 정복한 알렉산더의 눈이 인도를 향한다. 이때 알렉산더가 인도 대신 로마를 향했으면 세계 역사가 어떻게 변했을까? 로마가 세계사의 주인공으로 등장한 것이 포에니 전쟁(Punic Wars, B.C. 264년-B.C. 146년)으로 카르타고를 제압한 다음의 일이다. 가우가멜라 전투가 있었던 B.C. 331년에는 로마가 강대국이 되기 전이었으니 아마 알렉산더를 감당하기 어려웠을 것이다. 어쨌든 역사의 주인이 알렉산더가 아니라 하나님인 것이 분명하다.

알렉산더의 인도 원정은 제대로 진행되지 않았다. 힌두쿠시 산맥을 넘어서 펀잡(Punjab) 지방을 점령하고 인더스강까지는 진군했지만, 마케도니아 군대가 회군을 요구하고 나선 것이다. 그들이 원정길에 나선 것이 벌써 8년째이다. 그 결과 바사 제국을 정복했다. 이제 헬라의 영토는 전성기의 바사 제국을 넘는다. 병사들이 지칠 만도 하다. 그동안 얻은 전리품 무게만도 감당이 안 될 지경이다.

결국 알렉산더가 뜻을 꺾는다. 진군을 거부하는 군사를 강압적으로 끌고 가 봐야 실효가 없으니 어쩔 도리가 없었다. 그것이 전부가 아니었다. 인도 원정을 중단하고 돌아오던 중에 알렉산더는 갑작스러운 죽음을 맞는다. 말라리아라는 얘기도 있고 폐렴이라는 얘기도 있지만 정확한 원인은 모른다. 주전 323년 6월 11일, 알렉산더의 나이 서른세 살이었다.

당시 알렉산더에게는 후사가 없었다. 나중에 아내 록사나에게서 유복자가 태어나지만 알렉산더의 부하들에 의해 죽는다. 알렉산더가 죽기 직전에 측근들이 제국을 누구에게 넘겨줄 것이냐고 묻자, 가장 강한 자에게 넘겨준다고 대답했다.

그런 유언이 아니어도 후계자 자리를 놓고 시끄러웠을 텐데, 그런 유언까지 남겼으니 한바탕 북새통을 치를 수밖에 없었다. 단기간의 정복으로 급조된 헬라 제국은 알렉산더가 아닌 다른 한 사람이 통치하기에는 너무 방대했다. 이렇게 해서 '디아도코이'라고 하는 후계자 전쟁이 벌어진다. 알렉산더의 수하들이 저마다 야욕을 드러낸 것이다. 어제의 동지가 오늘의 적이라고 했던가? 한때는 서로 연대하여 정복 전쟁을 벌였지만 이제는 어떻게 해서든지 꺾어야 하는 경쟁자가 되었다. 헬라 제국이 일곱 개로 나뉘었다가 애굽과 시리아, 마케도니아, 소아시아로 통폐합된다. 다니엘서에 예언된 그대로다. 알렉산더가 죽은 지 15년 만의 일인데, 그 과정에서 알렉산더의 어머니, 아내, 누나, 아들이 전부 알렉산더 부하의 손에 죽는다.

네가 본 바 두 뿔 가진 숫양은 곧 메대와 바사 왕들이요 털이 많은 숫염소는 곧 헬라 왕이요 그의 두 눈 사이에 있는 큰 뿔은 곧 그 첫째 왕이요 이 뿔이 꺾이고 그 대신에 네 뿔이 났은즉 그 나라 가운데에서 네 나라가 일어나되 그의 권세만 못하리라 (단 8:20-22).

애굽과 시리아

프톨레미가 애굽을 장악해서 프톨레미 왕조를 세웠다. 파스 칼(Blaise Pascal, 1623-1662)이 《팡세》(Pensées)에서 클레오파트라의 코가 조금만 낮았으면 세계 역사가 바뀌었을 것이라고 했는데, 그 클레오파트라가 죽으면서 프톨레미 왕조도 같이 종말을 고했다. 또 셀루커스(Seleucus I Nicator, B.C. 358-281)는 시리아를 차지하고 셀루커스 왕조를 세웠다.

두 나라는 무려 150년 동안 싸움을 벌였다. 팔레스타인은 처음에 애굽의 지배를 받았는데, 바사의 지배를 받을 때와 마찬가지로 대제사장이 종교와 정치 지도자였다. 헬라어 사용을 강요한 것을 제외하면 별다른 간섭이 없었다. 그런데 나중에 시리아의 지배를 받게 되면서 상황이 달라진다.

애굽과 시리아의 전쟁이 다니엘서 11장에는 북방 왕과 남방 왕의 전쟁으로 나온다.

> 남방의 왕은 강할 것이나 그 군주들 중 하나는 그보다 강하여
> 권세를 떨치리니 그의 권세가 심히 클 것이요(단 11:5).

프톨레미는 알렉산더 수하의 유력한 장수였던 반면 셀루커스는 프톨레미보다 무게감이 덜했다. 그가 바벨론 총독이 되자, 알렉산더의 후계자가 될 야망을 품은 안티고노스(Antigonos I)가 바벨론을 공격했다. 셀루커스는 애굽으로 피신해서 한동안 프톨레미의 수하로 지내다가 둘이 같이 안티고노스를 대적한다.

결국 안티고노스를 축출하고 셀루커스가 시리아, 팔레스타인, 바벨론, 메대를 중심으로 하는 셀루커스 왕조를 새로 세운다. 넷으로 갈라진 헬라 제국 중 가장 넓은 영토를 차지한 것이다.

그러자 지금까지 셀루커스를 돕던 프톨레미가 팔레스타인 지역을 빼앗아 간다. 안식일에 제사를 드리러 온 것처럼 위장해서 예루살렘을 간단하게 점령한 것이다. 그 후 셀루커스는 한 번도 팔레스타인을 포기하지 않았고, 이렇게 해서 두 왕조가 계속 으르렁대며 지내게 된다.

> 몇 해 후에 그들이 서로 단합하리니 곧 남방 왕의 딸이 북방 왕에게 가서 화친하리라 그러나 그 공주의 힘이 쇠하고 그 왕은 서지도 못하며 권세가 없어질 뿐 아니라 그 공주와 그를 데리고 온 자와 그를 낳은 자와 그때에 도와주던 자가 다 버림을 당하리라(단 11:6).

두 나라가 관계 개선을 모색하면서 결혼 동맹을 맺는 것은 흔히 있는 일이다. 애굽과 시리아도 그렇게 했다. 주전 250년경, 시리아의 안티오코스 2세(Antiochus II Theos, B.C. 286-246)가 프톨레미 2세(Ptolemy II Philadelphus, B.C. 309-246)의 딸 베레니케(Berenice)를 아내로 맞은 것이다. 프톨레미 2세는 70인역을 번역한 왕이기도 하다. 단, 조건이 있었다. 둘 사이에 태어나는 아들이 시리아의 왕좌를 물려받기로 한 것이다. 이 결혼을 위해서 안티오코스 2세는 아내 라오디케와 이혼도 했다.

그런데 2년 후에 프톨레미 2세가 죽자, 안티오코스 2세가 베레니케와 이혼하고 다시 라오디케를 맞아들였다. 라오디케가 감지덕지했을까? 그렇지 않다. 모멸감을 느낀 라오디케가 안티오코스 2세를 독살하고 말았다. 베레니케와 그 아들도 죽었다. 그리고 라오디케의 아들인 셀루커스 2세가 왕이 되었다. 이 일이 애굽에 알려지자, 다시 전운이 감돌게 된다.

> 그러나 그 공주의 본 족속에게서 난 자 중의 한 사람이 왕위를 이어 권세를 받아 북방 왕의 군대를 치러 와서 그의 성에 들어가서 그들을 쳐서 이기고 그 신들과 부어 만든 우상들과 은과 금의 아름다운 그릇들은 다 노략하여 애굽으로 가져갈 것이요 몇 해 동안은 그가 북방 왕을 치지 아니하리라(단 11:7-8).

형을 이어 왕이 된 프톨레미 3세(Ptolemy III Euergetes, B.C. 280-222)가 시리아 정벌에 나섰다. 이때 은 4만 달란트와 2,500개에 달하는 금 신상을 빼앗아 갔다. 이후에도 두 나라 사이의 전쟁은 계속되고 유대는 그 두 나라 사이에 끼인 신세가 된다.

계속되는 전쟁 속에서 보물을 간수하려면 땅에 묻는 수밖에 없다. 그러다가 당사자가 죽고 땅은 팔렸는데 새 주인이 보물을 발견했다는 말이 들리면 소송이 벌어진다. 당시 판례는 현 소유주의 손을 들어줬다. 밭에 감추인 보화 비유는 셀루커스 왕조와 프톨레미 왕조의 싸움을 떠올리면 금방 이해가 된다.

안티오코스 3세

안티오코스 3세(Antiochus III the Great, B.C. 241-187)가 시리아의 왕이 되었다. 안티오코스 3세는 알렉산더의 후계자를 자처하며 정복 사업에 몰두했다. 마침 애굽에서는 프톨레미 4세가 죽고 겨우 다섯 살인 프톨레미 5세가 왕이 되었다. 안티오코스 3세에게는 절호의 기회다. 페니키아와 블레셋 지역의 애굽 영토를 공격해서 빼앗는 한편 팔레스타인에 군침을 흘린다. 두 나라 사이의 역학관계를 감지

안티오코스 3세(Antiochus III the Great)

한 유대가 시리아 쪽에 붙는다. 안티오코스 3세를 도와서 애굽을 몰아낸 것이다. 이런 공로로 유대는 3년간 세금 감면 혜택을 받는다. 율법을 지키는 문제 또한 전과 다름없이 보장받았다. 셀루커스의 유대인 포로들도 석방되었다. 유대인 공동체 내부의 자치도 허락받았고, 성전에서 일하는 사람들은 세금도 면제

받았다. 성전 재건에 필요한 물자 운반에는 통행세도 면제해 주었다. 상인들은 유대인에게 금지된 음식물을 예루살렘에 반입하는 것이 금지되었다. 프톨레미 왕조와 셀루커스 왕조는 서로 으르렁댔지만, 유대는 마냥 봄날이었다.

한편 알렉산더의 아버지 필리포스 2세 때부터 마케도니아의 지배를 받던 그리스가 독립을 위해서 로마의 도움을 청했다. 로마에는 그리스 문화를 존중하는 풍토가 있었다. 교양인으로 행세하려면 헬라어를 할 줄 알아야 했다. 로마가 그리스의 요청대로 마케도니아를 상대로 전쟁을 일으켰다. 이렇게 해서 마케도니아는 그리스에서 철수하는 것은 물론이고 로마의 속국으로 전락하고 말았다. 이때가 주전 197년이었으니 알렉산더가 지하에서 이 일을 알면 뭐라고 했을까?

그런데 그리스는 마케도니아의 지배에서 벗어난 것으로 만족하지 못했다. 마케도니아를 무릎 꿇리고 싶었다. 이번에는 시리아에게 도움을 구했다. 그때 마케도니아는 로마의 속국이었기 때문에 시리아가 그 요청을 받아들이려면 로마와의 전쟁을 불사해야 했다. 마침 2차 포에니 전쟁으로 로마를 벌벌 떨게 했던 카르타고의 명장 한니발이 시리아에 망명 와 있었다. 승리를 자신한 안티오코스 3세가 6만 대군을 이끌고 마케도니아로 출격했는데 테르모필레에서 로마 군사 3만을 당하지 못하고 무참하게 패하고 말았다.

자기 나라로 돌아온 안티오코스 3세가 다시 전의를 불태운다. 이번에는 아예 한니발을 총사령관으로 내세웠다. 로마도 가만히 있지 않았다. 이미 한니발을 이긴 적이 있는 스키피오(Scipio Africanvs, B.C. 235-183)를 원정군 사령관으로 임명해서 시리아로 진격했고, 이번에도 스키피오가 이겼다. 결국 타우루스 산맥 서쪽의 모든 영토가 로마에 넘어갔고, 시리아는 1만 5천 달란트의 전쟁 배상금을 약조하고 평화 조약을 맺었다. 나중에 로마가 팔레스타인 전체에서 거둔 세금이 800달란트였으니 실로 엄청난 액수인 셈이다. 아들 안티오코스 4세도 인질로 로마에 보내졌다.

안티오코스 3세의 처지가 딱하게 되었다. 얼마 전만 해도 알렉산더의 후계자를 자처했는데 졸지에 전쟁 배상금 때문에 전전긍긍하는 신세가 되고 말았다. 별수 없이 나라 안에 있는 모든 신전의 재산을 압류하기로 했다. 예루살렘 성전 역시 압류 대상이었다. 그런 일이 순탄하게 추진될 리가 없다. 곳곳에서 반란이 일어났고 급기야 주전 187년에 엘리마스 사원을 약탈하다가 그 지역의 제우스 열성 추종자들에게 암살당하고 만다.

셀루커스 4세가 왕이 되었다. 왕위만 승계한 것이 아니라 전쟁 배상금도 같이 승계했다. 셀루커스 4세도 아버지가 하던 것처럼 신전의 재산을 압류하려고 했고, 역시 암살당했다.

에피파네스 vs 에피마네스

셀루커스 4세가 죽자 동생인 안티오코스 4세(Antiochus IV Epiphanes, B.C. 215-164)가 15년의 인질 생활에서 돌아오게 된다. 그를 대신해서 조카 데메드리오 1세가 인질이 되었다. 데메드리오 1세는 셀루커스 4세의 아들이다. 이렇게 해서 주전 175년에 안티오코스 4세가 시리아 왕이 된다. 스스로를 에피파네스라고 했는데 '신의 현현'이라는 뜻이다.

그도 역시 전쟁 배상금에서 자유롭지 못했다. 왜 시리아가 로마보다 약한지 곰곰 생각한 끝에 결론을 내렸다. 로마는 사상이 통일되어 있는데 자기들은 그렇지 못하다는 것이다. 로마는 같은 문화 아래 전부 같은 신을 섬긴다. 그런데 자기들은 유대인이 문제다. 헬라 문화에 동화되지도 않고, 신도 다른 신을 섬긴다. 그래서 유대교를 박해하기 시작한다. 할례를 금지하고 율법을 지키지 못하게 했다.

안티오코스 4세가 유대교를 싫어해서 그런 것이 아니다. 명색이 왕인데, 나라를 부강하게 만들려는 청사진이 없을 수 없다. 그런데 유대교가 걸림돌이었다. 나라의 힘을 하나로 모으는데 방해가 되었다. 유대인을 교화해서 광신 상태에서 벗어나게 하고 그리스의 문화를 받아들이게 하는 것이 그의 구상이었다. 그런 구상에 따라 팔레스타인 대도시에 체육관과 신전, 경기장,

대중목욕탕 등을 만들었다.

그 무렵, 이스라엘에서는 반역자들이 생겨 많은 사람들을 선동하면서 "주위의 이방인들과 맹약을 맺읍시다. 그들을 멀리하고 지내는 동안 얼마나 많은 재난을 당하였습니까?" 하고 꾀었다. 이 말이 그럴듯하여 백성들 중에서 여럿이 왕에게 달려가, 이방인들의 생활 풍습을 받아들이자고 청하여 허가를 받았다. 그들은 곧 이방인들의 풍속을 따라 예루살렘에 운동장을 세우고 할례받은 흔적을 없애고 거룩한 계약을 폐기하고 이방인들과 어울렸다. 이렇게 그들은 자기 민족을 팔고 악에 가담하였다(마카베오상 1:11-15).

유대인들이 이방인의 풍습을 좋게 여겨서 그것을 따르게 해달라고 청탁하는 내용으로 외경 마카베오가 시작한다. 이방 종교가 문제가 아니라 이방 문화가 문제였다. 하기야 우리가 이슬람이나 불교 때문에 신앙이 방해받지는 않는다. 세상 풍조가 문제다.

일제강점기 때 친일파가 있었던 것처럼 유대에도 친헬라파가 있었다. 야손이 그런 사람이었다. 그는 440달란트를 주고 대제사장이 되었다. 예루살렘에 경기장이 세워지고 많은 유대인이 그리스풍 옷을 입게 되었다. 정통 유대인들은 불만이었다.

헬라의 영향이 커지는 것도 불만이고 대제사장을 이방 왕이 임명하는 것도 불만이었다. 야손이 정통파의 일원이라는 사실이 그나마 위안이었다.

3년이 지났다. 대제사장 가문 출신이 아닌 메넬라오스가 야손보다 은 300달란트를 더 바치고 대제사장이 되었다. 헬라인은 제사장에 대한 개념이 유대인과 달랐다. 제사장이라고 해서 특별한 직분이 아니었다. 그런 사상이 유대인에게도 파급된 것이다. 제사장이 그렇다면 율법은 어떻게 될까?

돈을 내서 대제사장이 되었으니 본전 생각이 났을 것이다. 성전 곳간을 탈취했다. 격노한 유대인들이 메넬라오스의 행위를 막으려고 대표를 뽑아서 시리아 왕에게 파송했다. 하지만 메넬라오스가 뇌물을 써서 막았고, 파송된 대표는 사형을 당했다. 이런 성직 매매 풍조는 주후 70년 로마에 의해 예루살렘이 망할 때까지 계속 이어졌다.

한편 안티오코스 4세는 애굽을 탐냈다. 로마에 전쟁 배상금을 내기 위해서라도 가만히 있을 수 없었다. 멤피스를 함락시키고 알렉산드리아를 다음 목표로 삼았다. 그러는 중에 팔레스타인에서는 메넬라오스 추종자들이 공개적으로 그리스 생활 양식을 따랐다. 이 일로 헬라파와 정통파의 반목이 심해지던 차에 안티오코스 4세가 애굽 원정 중에 전사했다는 소문이 돌았다. 그 기회를 타서 야손이 메넬라오스를 몰아냈다. 메넬라오스와 그를 지지하는 세력은 안티오코스 4세에게 피할 수밖에 없었다. 그들은 율법을 포기하고 헬라의 법과 생활 양식을 따르겠다고 했고, 예루살렘에 체육관을 짓게 해달라고 간청했다. 심지어 공중목욕탕에서 헬라인처럼 보이기 위해 할례를 복원하는 수술을 받기도 했다.

안티오코스 4세가 죽었다는 소문은 잘못된 것이었다. 그 전말이 이렇다. 시리아의 공격을 받은 애굽이 로마에 구원을 요청했다. 안티오코스 4세가 알렉산드리아에 가까이 갔을 때 로마에서 파견한 라에나스(Gaius Popilius Laenas)가 그의 길을 막고는 속히 돌아가지 않으면 로마의 적이 될 것이라고 경고했다. 안

〈안티오코스 4세에게 경고하는 라에나스〉, 안토니오 템페스타 作(Antonio Tempesta, 1555-1630)

티오코스 4세가 보좌관들과 상의해 보겠다고 하자, 라에나스는 들고 있던 지휘봉으로 안티오코스 주위에 원을 그린 다음에 다시 말했다. "이 원 밖으로 나가기 전에 결정해야 할 것이오." 패권국의 오만이었지만 승낙할 수밖에 도리가 없었다. 안티오코스 4세가 얼마나 치욕스러웠을까? 이 일이 안티오코스 4세가 죽었다고 와전된 것이다.

그는 당연히 부국강병을 생각했을 것이다. 왜 힘이 없어서 이런 수모를 겪는단 말인가? 이런 수모를 겪지 않으려면 힘을 길러야 한다. 역시 유대인들이 문제다. 그들의 정서와 사상을 철저하게 뜯어고쳐야 한다. 그는 우선 자기가 세운 메넬라오스를 몰아낸 것을 왕권에 대한 심각한 도전으로 간주했다. 예루살렘을 공격해서 야손을 추방하고 메넬라오스를 복직시켰다. 그리고 성전을 더럽히고 성전 기명을 약탈했다. 성전에서 매일 드리는 상번제도 금지했다.

유대인들의 반발은 당연했다. 특히 메넬라오스를 대제사장으로 인정하기를 거부했다. 결국 안티오코스 4세는 유대교를 박멸하기로 작정한다. 율법에 충성하는 자들을 단번에 개종시키든지, 멸절시키든지 양단간에 결판을 내기로 한 것이다. 율법을 지키지 말라는 법령을 반포하고 안식일을 지키지 못하게 했다. 인두세와 성전세를 비롯한 다양한 세금을 부과했다. 희생제사와 할례를 금지했다. 아이에게 할례를 주면 그 아이를 죽여서 부모의 목에 두르게 했다. 토라를 찢고 불살랐다. 돼지고기를 먹게 했으며 전국 각처에 세워진 우상 제단에 제사를 드리게 했다. 왕의 생일 축제가 매달 희생제 향연으로 열렸고 유대인들도 거기에 참석해야 했다. 즉 디오니소스의 축제가 열린 것이다. 성전 매음 행위가 예루살렘에까지 파급되었다. 급기야 예루살렘 성전에 제우스 상을 세웠고, 돼지를 희생 제물로 드렸다. 다니엘이 말한 것처럼 멸망하게 하는 가증한 것이 세워진 것이다. 주전 167년의 일이다. 그는 자신을 '에피파네스'(신의 현현)라고 했지만 역사가 폴리비우스(Polybios, B.C. 200-118)는 '에피마네스'(미친놈)이라고 했다.

일본 천주교 역사는 우리나라보다 250년 이르다. 임진왜란 때 선봉을 맡았던 고니시(小西行長, 1558-1600)는 세례명이 아우구스티누스였고, 세스페데스(Gregorio de Cespedes, 1551-1611)라는 종군 신부도 있었다. 그런데 도쿠가와 이에야스(德川家康)의 에도 막부 시대에는 천주교가 탄압받게 된다. 신자를 가려내는 방법은 간단했다. 십자가나 예수상을 새긴 판을 밟게 하는 것이었다. 그것을 후미에(踏み絵)라고 했다. 태연하게 밟고 지나가면 아무 일도 없지만 머뭇거리면 처형당했다.

안티오코스 4세가 반항적인 유대인을 가려내는 방법도 간단했다. 사람들을 줄 서게 한 다음 돼지고기를 먹게 하는 것이었다. 먹으면 아무 일 없지만 안 먹으면 사형이었다.

이런 암울한 시기를 보내면서 메시아 대망 사상이 싹튼다. 언젠가 메시아가 와서 자기들을 구해 준다는 것이다. 막연한 요망 사항이 아니라 그들 나름대로 성경에 근거한 믿음이었다.

내가 네 몸에서 날 네 씨를 네 뒤에 세워 그의 나라를 견고하게 하리라 그는 내 이름을 위하여 집을 건축할 것이요 나는 그의 나라 왕위를 영원히 견고하게 하리라(삼하 7:12b-13).

다윗이 성전을 지으려고 마음먹은 적이 있다. 그런데 하나님이 허락하지 않으셨다. 성전은 다윗이 아니라 솔로몬을 통해서 짓는 것이 하나님의 계획이었다.

이때 하나님이 말씀하신 나라는 다윗의 후손을 통해서 세워질 그리스도의 나라다. 그런데 이스라엘은 다윗 왕조가 영원할 것이라는 뜻으로 받아들였다. 다윗 왕조가 유지되는 동안에는 새삼스러운 것이 없다. 나라가 남북으로 갈라진 다음에 다윗 왕조의 정통성은 남 왕국에 있었는데, 그 남 왕국이 주전 586년에 바벨론에게 멸망당했다. 다윗 왕조가 무너진 것이다. 바벨론에 이어 바사가 등장하고 바사에 이어 헬라가 등장했다. 그런데 이스라엘은 계속 속국 신세였다. 하나님 말씀이 틀릴 수는 없다. 다윗 왕조가 영원하려면 다윗의 후손 가운데 누군가 와서 나라를 일으켜야 한다. 그래서 다윗의 후손인 메시아를 기다렸다.

비록 지금은 이방의 압제 아래 신음하지만 언젠가 메시아가 와서 자기들을 구원해 준다고 믿은 것이다.

그들이 기다린 메시아는 구세주이면서 왕이었다. 구원만 해주면 안 된다. 자기들을 다스리기도 해야 한다. 구원만 하고 가버리면 또 이방의 압제에 시달릴 수 있다. 유대인에게는 구세주와 왕이 분리된 개념이 아니었다. 구원과 통치를 하나로 묶어서 생각했다. 이런 사실을 감안하면 예수를 믿는다고 하면서 순종하지 않는 것은 어딘가 이상하다. 성경에도 없고 기독교 역사에도 없는 이상한 종교다.

하여간 안티오코스 4세로 인한 박해 시기를 보내면서 상당히 많은 하시딤이 처형당했다. 하시딤은 '경건한 자들'이라는 뜻으로 율법에 남다른 열심이 있는 사람들이었다.

고레스 칙령으로 고국에 돌아와서 성전을 재건했을 때 유대인들이 얼마나 뿌듯했을까? 자기들은 과연 하나님의 백성이라는 자긍심이 있었을 것이다. 성전을 재건한 것으로 끝나지 않았다. 나중에는 성벽도 재건했다. 그러면 이제 바야흐로 하나님이 일하실 때라고 기대하지 않았을까? 하나님이 자기들의 모든 문제를 해결해 주시는 한편 다윗 시대의 영광을 회복해 주실 것으로 기대했을 것이다.

그런데 아무 일도 일어나지 않았다. 아무리 지극정성으로 제사를 드려도 달라지는 것이 없었다. 아니, 달라질 기미조차 보이지 않았다. 그런 시기를 보내면서 점차 타성에 빠지기 시작했다. 말라기는 바로 그런 시대를 배경으로 한다. 사람들이 총독에게도 드리지 못할 제물을 하나님께 가져오곤 했다. 하나님께 드리는 제물은 온전한 것이어야 하는데도 병든 것, 저는 것을 드렸다. 어차피 불에 타면 마찬가지라는 것이 그들의 생각이었다.

그런 풍조와 관계없이 꾸준히 신앙을 지키는 사람도 있었다. 그런 사람을 하시딤이라고 했다. 이들은 안티오코스 4세의 잔인한 정책을 자기들의 죄에 대한 하나님의 진노로 받아들여서 더욱 율법 준수에 힘썼다. 이미 율법을 지키고 있는데 더 철저히 지키려면 어떻게 하면 될까? 그래서 그들은 율법에 울타리를 쳤다. 자칫 실수로라도 율법을 범할 개연성을 차단한 것이다.

유대인들은 해가 지는 것을 하루의 시작으로 삼는다. 안식일은 금요일 일몰부터 토요일 일몰까지다. 금요일 해가 지면 아무런 일도 하면 안 된다. 그런데 일에 몰두해서 해가 지는 것을 모를 수 있다. 그런 경우를 대비해서 안식일을 확장하는 것이다. 금요일 일몰 전 언제부터 토요일 일몰 후 언제까지를 안식일로 정하면 그럴 우려가 사라진다.

바울이 사십에서 하나 감한 매를 다섯 번 맞은 것이 그런 예이다. 율법에 따르면 태형은 마흔 대까지 때릴 수 있는데 깜빡

실수로 마흔한 대를 때리면 어떻게 될까? 그래서 실제로는 서른아홉 대까지만 때렸다. 행여 실수하더라도 율법을 범하지 않으려는 것이다. 이런 울타리가 복음서에서 말하는 장로들의 전통의 바탕이 되었다.

이미 율법을 지키지 말라는 법령이 내려진 상태였다. 그런데 율법을 더 철저하게 지키면 어떻게 될까? 죽는 수 말고는 도리가 없다. 한 번에 천 명이 죽기도 했다. 사드락, 메삭, 아벳느고가 느부갓네살에게 한 대답은 모든 유대인이 안티오코스 4세에게 해야 할 대답이었다.

엘르아살이라는 나이 든 율법 학자가 있었다. 그에게 돼지고기를 먹이려고 하자, 자기 생활을 더럽히고 사는 것보다 명예롭게 죽는 것이 낫다고 하며 스스로 태형대로 가면서 돼지고기를 뱉어 버렸다. 마침 그 희생제를 관장하는 사람 중에 엘르아살과 친분이 있는 사람이 있었는데, 그가 율법에 어긋나지 않는 고기를 준비해서 그것을 권했다. 어쩌면 사람들은 이런 경우에 하나님의 은혜로 위기에서 벗어났다고 할 것이다. 하지만 엘르아살은 그렇게 하면 사람들은 자기가 이방인의 풍습을 따랐다고 생각할 것이고, 그들에게 잘못된 본을 보이기 때문에 그럴 수 없다고 했다. 그러면서 스스로 태형대로 향했다.

아들 일곱 형제를 둔 여자가 있었다. 그녀가 돼지고기를 거부하자 아들을 한 명씩 죽였다. 그냥 죽이지 않았다. 혀를 자르

고 머리 가죽을 벗기고 사지를 자른 다음 달군 솥에 넣었다. 그
래도 나머지 형제들은 어머니와 함께 죽기로 다짐하고 서로 격
려했다. 첫째, 둘째, 셋째, 넷째… 어머니는 잠깐 사이에 일곱
형제가 차례로 고통스럽게 죽는 것을 지켜봐야 했다. 그러면서
말했다.

> 얘야, 내 부탁을 들어다오. 하늘과 땅을 바라보아라. 그리고 그
> 안에 있는 모든 것을 살펴라. 하느님께서 무엇인가를 가지고
> 이 모든 것을 만들었다고 생각하지 말아라. 인류가 생겨난 것
> 도 마찬가지다. 이 도살자를 무서워하지 말고 네 형들에게 부
> 끄럽지 않은 태도로 죽음을 달게 받아라. 그러면 하느님의 자
> 비로 내가 너를 너의 형들과 함께 다시 맞이하게 될 것이다(마
> 카베오 하 7:28-29).

그런 고난의 시기를 보내며 부활 사상이 싹튼다. 율법을 지
키다 죽은 사람과 배교해서 살다가 죽은 사람이 똑같을 수는 없
다. 하나님은 무에서 유를 창조하신 분이니 죽음도 얼마든지 생
명으로 바꿔주실 것이다. 그 사실을 믿고 그렇게 사는 사람을
신자라고 한다.

유대인들이 이렇게 박해받는 것을 본 사마리아인들은 행여
불똥이 튈까 염려해서 자기들은 유대인과 혈통이 다르다고 주

장했다. 알렉산더에게는 자기들도 유대인과 아무 차이가 없다면서 세금을 면제해달라고 했었으니, 사람은 상황에 따라서 논리도 달라지는 모양이다. 자기들도 안식일을 지키지만 유대인들과 같은 의미가 아니라 선조들이 전염병이 자주 발생하자 고대의 미신적 관습에 따라 지키는 것이라고 했다. 또 자기들은 그리심산에 성전이 있으니 유대인들과 엄연히 다른데 관리들이 혼동하는 경향이 있으니 헤아려 달라고 하면서, 그리심산에 있는 성전을 앞으로 주피터 헬레니우스(Jupiter Hellenius)의 신전으로 부르도록 허락해 달라고 했다.

요한복음 4장에 나오는 수가성 우물가 여인이 자기들은 이 산에서 예배했다고 했는데, 그 말에는 이런 배경이 있다. 그리심산에 사마리아 성전이 있었다. 사마리아 사람들은 모세오경만 인정한다. 선지서와 시가서는 다윗에게 우호적인데, 자기들의 뿌리는 다윗의 정통성을 잇는 남 왕국이 아니라 북 왕국이기 때문이다.

여기서 잠깐 그리심산에 사마리아 성전이 건립된 배경을 알아 보자. 고레스 칙령으로 돌아온 유대인이 많은 방해 속에 예루살렘에 성전을 재건했다. 나중에는 성벽도 재건했다. 이때도 방해가 있었는데, 방해 주축이 산발랏이었다. 성벽 재건을 마친 느헤미야가 수산성에 갔다가 돌아와 보니 엉망이었다.

대제사장 엘리아십의 손자 요야다의 아들 하나가 호론 사람 산발랏의 사위가 되었으므로 내가 쫓아내어 나를 떠나게 하였느니라(느 13:28).

요세푸스에 따르면 산발랏의 사위 이름이 므낫세라고 한다. 므낫세는 대제사장 야두아의 동생이기도 했다. 그가 야두아와 함께 대제사장직을 맡자 장로들이 이의를 제기했다. 궁지에 몰린 므낫세가 장인 산발랏에게 신세 한탄을 한다. "제가 장인의 딸 니카소를 사랑합니다. 그렇다고 해서 제사장직을 잃고 싶지도 않습니다. 제사장직은 우리나라에서 최고의 영예입니다. 게다가 집안에서 쫓겨나기도 싫습니다." 아마 이런 것이 사람들의 욕심일 것이다. 이것저것 다 가지고 싶어 한다. 돈, 권력, 명예 그리고 종교적인 자부심까지….

이즈음에 알렉산더는 이수스 전투에서 바사를 격파하고 다메섹, 시돈을 거쳐 두로를 포위한 상태였다. 대제사장 야두아에게 원군과 물자를 보내라고 했는데 야두아는 다리오왕을 배신할 수 없다며 거절했다.

이때 산발랏이 므낫세에게 자기 딸을 아내로 데리고 있으면서 대제사장이 되는 방안이 있다고 말한다. 산발랏은 다리오왕을 배신하고 수하 7,000명과 함께 알렉산더에게 갔다. 그는 알렉산더를 주인으로 모시겠다고 하면서 그리심산에 성전을 짓고 므낫세를 대제사장으로 세워 달라고 간청해서 허락을 얻었다. 므낫세는 자기 소원대로 산발랏의 딸과 행복하게 살면서 사마리아 성전에서 대제사장 노릇도 했다. 꿩도 먹고 알도 먹은 것이다. 세상에서는 이런 사람을 능력 있다고 말한다.

알렉산더는 두로와 가사를 정복하고 예루살렘으로 향했다. 그 소식을 들은 대제사장 야두아가 하나님께 간구하자 하나님이 제사장들은 제사장 옷을 입고, 백성들은 흰옷을 입고 알렉산더를 맞이하라고 하셨다. 이에 야두아가 백성들을 이끌고 알렉산더를 마중했다.

사람들은 알렉산더가 대제사장을 죽이고 예루살렘을 약탈할 것으로 생각했지만, 알렉산더는 그렇게 하지 않았다. 오히려 대제사장을 반기며 하나님을 찬양했다. 사람들이 영문을 묻자 자기가 꾼 꿈을 들려줬다. 어떻게 하면 바사를 정복할 수 있을지 고심하고 있는데, 꿈에서 야두아가 나타나 바사를 정복할 수 있도록 도와주겠다고 했다는 것이다.

역사가 주는 묵상

• 나쓰메 소세키가 쓴 〈마음〉에 이런 구절이 나온다. "자네는 이 세상에 악인이라는 별종의 인간이 있다고 생각하나? 그런 틀에 박힌 악인은 있을 리가 없어. 보통 때는 다 선인이야. 적어도 보통 인간인 거지. 그랬던 것이 결정적인 순간에 갑자기 악인으로 변하기 때문에 두려운 거야."

이 얘기를 살짝 바꿀 수 있다. 신자 중에 노골적으로 믿음을 저버리는 별종 신자는 없다. 보통 때는 다 믿음이 있어 보인다. 특출하게 믿음이 좋아 보이지는 않아도 믿음이 있어 보이기는 한다. 결정적인 순간에 믿음이 안 나타나는 것이 문제이다. 그런데 알렉산더나 스키피오는 결정적인 순간에도 군인다운 답변을 했다.

과연 우리에게서는 늘 신자다운 답변이 나올까? 혹시 신자다운 처신을 못 했던 때가 있다면 어떤 때였을까? 무엇이 문제였을까?

• 안티오코스 4세의 유대교 박해는 부국강병책의 일환이었다. 이 세상 사람들이 꼭 의도를 가져야만 기독교를 적대하는 것은 아니다. 영화〈밀양〉이 대표적이다. 이청준 씨의 《벌레 이야기》를 원작으로 해서 이창동 감독이 만든 영화인데, 기독교를 단단히 비꼬는 내용이 나온다. 이청준 씨나 이창동 감독이 기독교를 비하하려고 그런 것이 아니다. 그들에게는 정상적인 작품 활동이었다.

이런 세상 풍조에 대응하려면 우리가 세상을 살아가는 것 자체가 하나님 나라의 확장으로 작용해야 한다. 세상 사람들이 일상적인 삶을 통해 기독교를 적대한다면, 우리는 일상적인 삶을 통해 하나님의 영광을 선포할 수 있어야 한다. 그것이 우리 책임이다. 그런 책임을 실생활에서 어떻게 실천할지 생각해 보자.

• 유대인들에게는 메시아 대망 사상이 있다. 언젠가 메시아가 와서 자기들을 구원해준다는 것이다. 이때 그들이 기다린 메시아는 구세주이면서

왕이었다. 유대인에게는 구세주와 왕이 분리된 개념이 아니었다.

우리가 고백하는 주님은 어떤 분일까? 예수님이 자기를 구원했다고 고백하면서도 그 예수님께 순종하지 않는 것은 모순이다. 혹시 순종이 어렵다면 무엇 때문일까?

주요 등장인물

필리포스 2세
알렉산더의 아버지. 마케도니아를 통일해서 왕이 된다.

야두아
알렉산더가 활약할 당시 유대의 대제사장

프톨레미 1세(프톨레미 소테르)
알렉산더가 죽은 다음 헬라 제국이 애굽, 시리아, 마케도니아, 소아시아로 갈라졌다. 그때 애굽의 첫 번째 왕으로 프톨레미 왕조를 개창했다.

프톨레미 2세(프톨레미 필라델포스)
70인역을 펴내게 한 애굽의 왕

데메트리우스
70인역을 펴낼 당시의 알렉산드리아 도서관장, 20만 권인 장서를 자기 당대에 50만 권으로 늘리고 싶어 했다.

셀루커스
알렉산더가 죽은 다음 헬라 제국이 애굽, 시리아, 마케도니아, 소아시아로 나눠지는데, 이때 시리아의 첫 번째 왕이다.

안티오코스 2세
애굽과 화친 조약을 맺어 프톨레미 2세의 딸 베레니케와 결혼했다. 이 결혼을 위해서 아내 라오디케와 이혼도 했다. 나중에 라오디케에게 독살당한다.

라오디케

안티오코스 2세에게 이혼당했다가 다시 재혼했지만, 앙심을 품고 안티오코스 2세를 독살하고 자기 아들 셀루커스 2세를 왕위에 올린다.

베레니케

안티오코스 2세와 결혼한 프톨레미 2세의 딸. 애초에는 둘 사이에 태어난 아들이 시리아 왕위에 오르기로 약조했지만, 프톨레미 2세가 죽자 안티오코스 2세가 약조를 깨뜨리고 이혼을 선언한다. 나중에 라오디케에게 독살당한다.

안티오코스 3세

시리아의 정복 군주. 애굽에 속했던 팔레스타인을 확보했다. 로마와 전쟁을 불사했다가 막대한 전쟁 배상금을 갚아야 하는 처지가 된다.

안티오코스 4세

유대교에 가장 적대적이었던 시리아 국왕

야손

안티오코스 4세에게 돈을 주고 대제사장직을 산 인물

메넬라오스

대제사장 가문도 아니었으면서 안티오코스 4세에게 야손보다 더 많은 돈을 주고 대제사장이 된 인물

므낫세

알렉산더가 활동할 당시의 대제사장 야두아의 동생이며 산발랏의 사위. 장인의 도움으로 그리심산에 지은 사마리아 성전의 대제사장이 된다.

05
마카비 혁명

맛다디아의 거사

예루살렘 북쪽 모데인에 맛다디아(Mattathias)라는 사람이 있었다. 율법에 충실한 제사장으로 아들 다섯을 두었다. 요한, 시몬, 유다, 엘르아살, 요나단이다. 안티오코스 4세가 배교를 강요하고 이교 제사를 드리게 하려고 부하들을 보냈다. 그들은 부귀영화를 약속하면서 맛다디아를 설득하려고 나섰다. 많은 사람의 지지를 받는 맛다디아가 이교 제사를 드리면 그만큼 파급효과가 있을 것이기 때문이다.

하지만 맛다디아는 완강했다. 맛다디아가 거부하는 사이에 다른 유대인이 제단 앞으로 나와서 모두가 보는 앞에서 왕명대로 제사를 드리려 했다. 그것을 본 맛다디아가 분연히 일어나서 그 유대인과 안티오코스 4세가 보낸 사람들을 돌로 쳐 죽이고 제단을 헐어버렸다. 그러고는 다섯 아들과 추종자들을 데리고 광야로 피했다. "율법에 대한 열성이 있고 우리 조상들이 맺은 계약을 지키려는 사람은 나를 따라나서시오!"라는 말에 많은 유대인이 모여들었다.

　이때는 예루살렘 성전이 더럽혀진 직후였다. 예루살렘 성전에 제우스 상이 세워지고 부정한 짐승인 돼지가 희생 제물로 드려졌다. 그런데도 성전이 아니라 율법에 호소했다. 유대인의 정체성이 성전보다 율법에 있었다. 성전이 없어도 유대교는 존재할 수 있지만 율법이 없으면 존재할 수 없기 때문이다.

　맛다디아를 따르는 사람들이 광야로 피신하자 시리아 군대

〈맛다디아와 배교자〉, 귀스타브 도레 作(Paul Gustave Doré, 1832-1883).

가 출동했다. 그들이 있는 곳을 확인하고는 안식일을 택해서 공격할 채비를 차렸다. 공격에 앞서 먼저 투항을 권유했지만 응답이 없었다. 그러자 공격을 시작했는데, 안식일을 지키기 위해서 아무도 마주 싸우지 않고 그냥 죽었다. 돌을 던지지도 않고 방벽을 쌓지도 않았다. "우리는 모두 깨끗하게 죽겠다. 너희들이 죄 없는 우리를 죽였다는 것을 하늘이 알고 땅이 증언할 것이다."라는 것이 그들의 얘기였다. 이렇게 해서 천 명이 죽었다. 안식일과 목숨을 맞바꾼 것이다.

그 소식을 들은 맛다디아와 동지들이 슬픔을 추스르며, 앞으로는 안식일이라도 싸우기로 결의한다. 안식일을 지키는 것이 오히려 적을 도울 수 있다는 생각을 한 것이다. 한편 그때까지 안식일을 범하느니 차라리 죽는 쪽을 택했던 하시딤(Hasidim, 경건한 자)들도 이 대학살에 충격을 받아 맛다디아와 연합한다. 맛다디아의 저항 운동이 하시딤의 지지를 받게 된 것이다. 하시딤은 경건과 헌신에 남다른 열심이 있었으니, 그들의 합류가 저항 운동에 대한 일종의 신앙적 인증이 되었다.

천군만마를 얻은 맛다디아는 낮에는 숨고 밤에는 공격하는 게릴라 전술로 안티오코스 4세의 군사를 괴롭혔다. 이방 제단을 헐어버리고 할례를 받지 않은 사내아이에게는 강제로 할례를 시행했다. 율법을 지키지 못하게 감시하는 관리들을 추방했다. 이렇게 1년 넘게 무력 항쟁을 하던 중 맛다디아가 죽음을 맞게 된다.

맛다디아는 열심히 율법을 지키고 조상들이 맺은 계약을 위해 헌신하라는 유언과 함께, 유다가 젊었을 때부터 장사였다고 하면서 그에게 군대 지휘권을 맡긴다. 유다는 마카비(Maccabees)라는 별명이 더 유명하다. 망치라는 뜻이다. 전하는 말에 따르면 유다는 장수처럼 갑옷을 입고 온갖 무기를 허리에 차고 많은 전쟁에 임했는데, 그의 활약이 마치 사자와 같았다고 한다.

유다 마카비의 항쟁

맛다디아가 죽은 다음 아폴로니우스가 이방인과 사마리아인들로 큰 군대를 조직해서 싸움을 걸어왔지만 마카비의 상대가 되지 못했다. 이때 이스라엘은 많은 전리품을 얻었는데 아폴로니우스가 쓰던 칼은 마카비의 차지가 되었다. 그는 평생 그 칼을 썼다.

시리아군 사령관 세론이 이 소식을 듣고는 군대를 거느리고 벧호론(Beth Horon) 가까이 왔다. 마카비는 얼마 안 되는 부하와 함께 그를 맞아 싸우러 나갔다. 부하들은 중과부적이라고 했지만 마카비의 생각은 달랐다. 전쟁의 승리는 군사의 다수가 아니라 하늘이 주는 힘에 달렸다고 하면서 단숨에 그들을 무찔렀다. 적군은 팔백 명이나 쓰러져 죽었고 나머지는 블레셋 땅으로 도망갔다.

안티오코스 4세가 크게 노했다. 사람들을 온 왕국으로 보내서 새로 군대를 조직하게 했는데 국고가 부족했다. 더욱이 여러 속국에서 반역이 일어나 조세도 잘 걷히지 않는 형편이었다. 이에 안티오코스 4세는 여러 속국을 정벌할 생각을 했다. 수하 리시아스에게 왕의 직무를 맡겨서 유프라테스강에서 애굽 접경까지 다스리게 했고, 자기가 돌아올 때까지 어린 왕자 안티오코스 5세를 맡아 기르게 했다. 또 군사 절반과 코끼리 부대를 주면서, 유대를 정벌하되 그들을 모두 소탕해서 그들이 살던 땅에 이국인을 데려다 살게 하라고 당부하고는 나머지 절반을 이끌고 파르티아(Parthia)로 원정을 떠났다.

리시아스는 프톨레매오와 니가노르, 고르기아스에게 보병 사만과 기병 칠천을 주면서 팔레스타인을 정벌하라고 했다. 소식을 들은 그 지방 상인들이 유대인을 노예로 사려고 많은 재물과 수갑을 가지고 진영으로 찾아왔다.

마카비와 그의 형제들도 소식을 들었다. 지금까지와는 규모가 다른 싸움이 기다리는 것을 알고는 서로 격려하며 하나님의 도우심을 구했다. 마카비는 천부장, 백부장, 오십부장, 십부장을 세워서 백성을 지휘하게 한 다음, 집을 짓고 있던 사람들이나 포도밭에서 포도를 심고 있던 사람들, 겁이 나는 사람들은 돌아가도 좋다고 선포했다.

〈전쟁을 선포하는 유다 마카비〉,
귀스타브 도레 作(Paul Gustave Doré, 1832-1883).

책임자들은 백성에게 말하여 이르기를 새 집을 건축하고 낙성식을 행하지 못한 자가 있느냐 그는 집으로 돌아갈지니 전사하면 타인이 낙성식을 행할까 하노라 포도원을 만들고 그 과실을 먹지 못한 자가 있느냐 그는 집으로 돌아갈지니 전사하면 타인이 그 과실을 먹을까 하노라 여자와 약혼하고 그와 결혼하지 못한 자가 있느냐 그는 집으로 돌아갈지니 전사하면 타인이 그를 데려갈까 하노라 하고 책임자들은 또 백성에게 말하여 이르기를 두려워서 마음이 허약한 자가 있느냐 그는 집으로 돌아갈지니 그의 형제들의 마음도 그의 마음과 같이 낙심될까 하노라(신 20:5-8).

모세가 가나안 입성을 앞둔 백성들에게 "가나안 정복 전쟁을 할 때 다음과 같은 사람은 전쟁 대열에서 제외해라"라고 했다. 그런데 기준이 특이하다. 새 집을 건축하고 낙성식을 못했다든지, 포도원을 가꾸고 포도를 수확하지 못했다든지, 여자와 약혼하고 아직 결혼하지 못했다든지, 좌우지간 이유만 있으면 돌아가라는 것이다. 심지어 아무런 이유가 없어도 전쟁이 두려우면 돌아가라고 했다.

가나안 정복 전쟁을 앞두고 선포되었던 메시지가 다시 선포된다. 이제 시작될 전쟁은 이스라엘이 가나안에 입성할 때와 같은 성격의 전쟁이라는 뜻이다. 역사적인 흐름이 그때와 연결된 전쟁이다.

이 내용을 요즘 상황으로 바꾸면 어떻게 될까? 신앙생활은 우리끼리의 문제가 아니라 하나님 나라의 확장이라는 하나님의 사역과 선이 닿아 있는 문제다. 우리 한 사람이 예배를 드렸느냐, 말았느냐로 끝나는 게 아니라 하나님의 의와 하나님의 영광에 연결된 문제다. 나 한 사람이 어쩌다가 친구 따라 강남 간다는 격으로 예배당에 나와서 앉아 있는 것이 아니라 하나님께서 마귀의 세력을 멸하시고 하나님의 나라를 선포하시는 거룩한 싸움에 동참하고 있는 것이다.

고르기아스가 보병 오천과 기병 일천을 이끌고 출정했지만 마카비가 거느린 삼천 군사를 감당하지 못하고 패퇴했다. 그들을 따라왔던 노예 상인들은 포로로 잡혀서 오히려 노예로 팔리는 신세가 되었다. 전황을 보고받은 리시아스는 크게 낙담했다. 자기는 왕명에 따라 이스라엘을 초토화해야 하는 사람인데, 그 일이 만만하지 않다는 사실을 깨달은 것이다.

해가 바뀌었다. 리시아스가 보병 육만과 기병 오천을 이끌고 출정했다. 이에 맞서는 마카비의 군사는 일만이었다. 크게 열세였지만 마카비는 다윗이 골리앗을 이긴 것을 떠올리며 하나님께 간구했고, 결국 이겼다. 적은 숫자로 많은 숫자를 이긴 것은 전쟁사에 늘 있는 일이다. 지형을 잘 이용하고 전술만 잘 활용하면 얼마든지 가능하다. 이순신 장군은 명량해전에서 열두 척의 전함으로 백서른세 척의 왜군을 이기기도 했다. 그런데 이때 마카비는 별다른 병법을 쓰지 않았다. 아무런 변수도 없는 백병전으로 이겼다. 백병전은 순전히 숫자 싸움인데 이런 일이 어떻게 가능할까? 어쨌든 그런 일이 있었다. 어떻게 된 영문인지 아는 사람은 다 안다.

별수 없이 리시아스는 전열을 정비하기 위해서 퇴각했고, 마카비와 그의 형제들은 성전을 다시 봉헌하기로 했다. 시온산에 올라가 보니 모든 것이 엉망이었다. 성소와 제단은 더럽혀진 상태였고 성전 뜰에는 잡초가 우거져 있었다. 마카비는 율법에 충실하고 흠이 없는 제사장으로 하여금 성소를 정화하게 하고 더럽혀진 돌들을 부정한 곳으로 치우게 했다. 율법대로 자연석을 가져다가 전과 같은 제단을 새로 쌓았고, 거룩한 기물들을 새로 만들고 금 촛대와 분향단과 떡상을 성소에 들여 놓았다. 그러고는 제단에 향을 피우고 금 촛대에 불을 붙이니 성소가 환해졌다. 또 떡상에 진설병을 올리고 휘장을 치는 것으로 성소 꾸미는 일을 다 마쳤다.

B.C. 164년 9월 25일, 새로 만든 번제단에 희생 제물을 바쳤다. 공교롭게도 3년 전 9월 25일이 안티오코스 4세가 성전 제사를 금지한 날이었다. 이런 제단 봉헌 축제가 팔 일 동안 계속되었고, 매년 9월 25일부터 여드레 동안 수전절(하누카)로 지키기로 했다. 히브리력은 태양력보다 석 달이 늦으니 12월 25일부터 여드레 동안이 수전절이다. 요한복음 10장 22절에 "예루살렘에 수전절이 이르니 때는 겨울이라"라고 되어 있다.

유대인들이 쓰는 전통적인 램프인 메노라(Menorah)에는 일곱 개의 가지가 있다. 가운데 한 줄기가 있고 양옆으로 세 개씩 가지가 나와 있다. 그런데 수전절에는 하누카 램프라고 해서 아홉 개의 가  지가 있는 것을 쓴다. 전해지는 말에 따르면 유대인들이 성전을 탈환했을 때 성전을 밝힐 기름이 하루치밖에 없었다고 한다. 그 하루치 기름이 여드레 동안 없어지지 않고 계속 탔다는 것이다. 그래서 하누카 첫날에는 가운데 줄기와 다른 한 가지에 불을 밝히고, 다음 날부터 하루에 하나씩 추가해서 마지막 여덟째 날에는 아홉 개 가지가 모두 환하게 빛나게 한다.

성전이 회복되었다고 해서 전쟁이 끝난 것이 아니다. 마카비는 그 후에도 계속 싸웠고, 싸울 때마다 이겼다. 에돔과 암몬을 무찔렀고, 길르앗의 이방인들도 격파했다. 두로와 시돈 사람들이 갈릴리의 이방인과 합세하여 갈릴리의 유대인을 겁박한다는 소식을 듣고는 갈릴리도 구원했다.

한편 안티오코스 4세는 파르티아의 여러 지방을 돌아다니다가 엘리마이스(Elymais)에 금은이 많다는 말을 들었다. 특히 그 성의 아데미 신전에는 알렉산더가 쓰던 금 투구와 갑옷이 있다고 했다. 그 말을 들은 안티오코스 4세가 그 성을 빼앗으려 했지만 오히려 패하고 말았다.

바벨론으로 퇴각한 안티오코스 4세에게 전령이 왔다. 리시아스가 유대인에게 크게 패했다는 것이다. 유대인은 아군을 무찌르고 빼앗은 무기로 무장해서 더 강력해졌고, 예루살렘 성전에 세웠던 제우스 상이 무너졌으며 성전 주변에는 전과 같이 높은 성벽이 쌓였다고 했다.

패전으로 상심하던 차에 그런 비보를 듣고 크게 낙심한 안티오코스 4세는 시름시름 앓더니, 자기가 예루살렘에서 행한 모든 일에 대한 죗값을 치른다는 탄식과 함께 수하인 빌립에게 이제 일곱 살인 왕자 안티오코스 5세를 부탁한다는 말을 남기고 숨을 거두고 말았다.

리시아스는 안티오코스 5세(Antiochus V Eupator, 172-161)를 왕위에 앉히고 다시 이스라엘 정벌에 착수한다. 보병 십만과 기병 이만, 그리고 잘 훈련된 코끼리 서른두 마리를 이끌고 에돔을 지나 벳술에 진을 쳤다. 마카비 역시 진을 치고 그들과 맞섰는데 코끼리의 위력이 실로 막강했다. 우리나라도 6 · 25 때 북한군의 탱크 때문에 속절없이 밀렸던 적이 있다. 당시 북한에는 소련제 T-34 탱크 242대가 있었는데 고작해야 소총으로 탱크를 어떻게 감당한단 말인가? 이스라엘도 그런 절박감을 느꼈을 것이다.

그때 엘르아살이 분연히 일어섰다. 엘르아살은 맛다디아의 다섯 아들 중 넷째다. 그가 월등히 큰 코끼리를 보았다. 무장도 유독 잘되어 있는 것으로 보아 지휘관이 타고 있을 것으로 생각했다. 엘르아살은 동족들을 위해서 자기 목숨을 내놓기로 작정하고는 적의 진지 한가운데로 뛰어 들어가 좌충우돌하며 그 코끼리에게 용감하게 달려들었다. 그리고 그 코끼리를 찔러 죽이는 데 성공했다. 그런데 넘어지는 코끼리에 깔려서 그만 죽고 말았다. 맛다디아의 다섯 아들 중 가장 먼저 죽은 것이다.

전체적인 전세는 아무래도 이스라엘이 불리했다. 마카비는 예루살렘으로 후퇴해서 수성전에 들어갔는데, 그때가 마침 안식년이었다. 가뜩이나 식량이 부족한데 이방인들 사이에서 살다가 돌아온 사람들 때문에 군입이 많아졌다.

그런 중에 시리아에도 문제가 생긴다. 안티오코스 4세로부터 어린 왕자를 부탁한다는 유언을 들은 빌립이 정권을 탐한다는 소식이 들린 것이다. 이스라엘보다 본국 문제가 더 급해진 리시아스가 타협책을 제시한다. 율법을 지키며 살 수 있게 보장한다는 조건으로 화평을 제의한 것이다.

마카비는 완전한 독립을 주장하며 반대했지만 하시딤들은 그 조건을 반겼다. 결국 마카비는 그 제의를 수락하게 된다. 정치적으로는 시리아의 통치 아래 있지만 종교의 자유를 인정받은 것이다. 자유를 허락받은 유대인들이 요새를 비우고 나왔다. 그런데 시온산의 견고한 요새를 본 리시아스는 자기가 한 약속을 깨뜨리고 성을 무너뜨리라고 명령하고는 본국으로 돌아가서 빌립을 축출한다.

얼마나 지났을까? 안티오코스 4세를 대신해서 로마에서 볼모로 지내던 데메드리오 1세(Demetrius I, 셀루커스 4세의 아들)가 로마를 탈출해서 세력을 규합하고는 리시아스와 안티오코스 5세를 몰아내고 왕위를 차지했다.

알키무스(Alcimus)가 그런 데메드리오 1세에게 자기 민족을 참소했다. 마카비와 그의 형제들이 시리아에 해악을 끼친다면서 바로잡아 달라고 한 것이다. 이렇게 해서 알키무스가 대제사장 자리를 차지한다. 그는 아론 자손으로, 전형적인 친 헬라파였다. 본래 대제사장은 아론 자손이어야 했지만 당시 대제사장 메넬라오스는 돈으로 대제사장 자리를 산 사람이었다.

알키무스가 대제사장이 되자 하시딤들이 반발했다. 게다가 하시딤들은 정치적인 자유보다 종교적인 자유에 더 관심이 많았다. 결국 하시딤이 둘로 나뉜다. 종교의 자유를 얻었다는 이유로 마카비 가문과 결별한 하시딤도 있고 계속 마카비 가문을 지지한 하시딤도 있다. 이즈음 유대에 세 분파가 생긴다. 마카비 가문과 결별한 하시딤은 나중에 엣세네파를 이루고, 마카비 가문과 동행한 하시딤은 바리새파를 이루게 된다. 또 사두개파도 있다. 여기서 잠깐 사두개파, 바리새파, 엣세네파를 정리해 보자.

사두개파(Sadducees)라는 이름은 다윗 시대의 대제사장 사독에서 유래했다는 설이 유력하다. 다윗 시대에는 사독과 아비아달, 두 명의 대제사장이 있었다. 그런데 아비아달이 아도니야의 반역에 가담하는 바람에 제사장 반열에서 추방당한다. 그렇게 해서 엘리에게 내려진 저주가 성취되고 사독 계열이 대제사장 직분을 수행하게 된다.

사두개파는 예루살렘에서 상당한 세력을 가진 제사장 계층으로 대부분 부유했다. 종교 단체라기보다 사회 고위층 인사의 모임 성격이 강했다. 유복한 생활을 하는 만큼 다분히 현세 중심적이었고 부활이나 영, 천사를 믿지 않았다. 바리새인이 인정하는 구전 율법도 인정하지 않았다. 성전 제사 제도를 중시했기 때문에 성경도 모세오경만 인정했다. "순종이 제사보다 낫다"(삼상 15:22)나 "주께서는 제사를 기뻐하지 아니하시나니 그렇지 아니하면 내가 드렸을 것이라"(시 51:16), "너희가 내 제단 위에 헛되이 불사르지 못하게 하기 위하여 너희 중에 성전 문을 닫을 자가 있었으면 좋겠도다"(말 1:10) 같은 구절이 있는 역사서나 시가서는 그들에게 '노 땡큐'였다. 성경이 자기들을 판단하는 줄 모르고 자기들이 성경을 판단했다.

바리새파(Pharisees)라는 이름은 '분리되다', '구별되다'라는 뜻의 '페르쉬'에서 유래했다. 요세푸스에 의하면 당시 6,000명 가량의 바리새인이 있었다고 한다. 사두개파와 같은 정치적인 영향력은 없었지만 대중의 존경과 지지를 받았다. 경건하게 살고자 하는 사람은 누구든지 바리새인의 노선을 따라야 했다. 그만큼 종교적인 영향력이 있었다. 마태복음 23장 5절에서 "그경문 띠를 넓게 하며 옷 술을 길게 하고"라고 한 것처럼 복장으로 다른 사람들과 구별했다. 경문은 성구가 들어 있는 작은 상자를 말하는데, 유대인들은 그것을 손목에 매거나 이마에 붙였다. 사두개인의 근거지가 성전이라면 바리새인의 근거지는 회당이었다.

율법이 완벽하게 지켜지면 메시아가 온다고 믿었으며 특히 구전 율법을 주장했다. 하나님이 모세에게 성문 율법만 주신 것이 아니라 구전 율법도 주셨다는 것이다. 바리새인들과 서기관들이 예수님께 "어찌하여 당신의 제자들은 장로들의 전통을 준행하지 아니하고 부정한 손으로 떡을 먹나이까?"라고 물은 적이 있는데, 장로들의 전통이 바로 구전 율법이다. 바리새인들은 구전 율법을 성문 율법과 동등하게 여겼다. 이 구전 율법을 기록한 것을 '미쉬나'(Mishnah)라고 하는데, 미쉬나 역시 경전이기 때문에 주석이 필요하다. 그 주석을 '게마라'(Gemara)라고 한다. 미쉬나와 게마라를 합본한 것이 그 유명한 '탈무드'(Talmud)이다.

존 스토트(John Stott, 1921-2011)는 사두개인과 바리새인을 비교하기를 "사두개인이 하나님 말씀에 무엇인가를 빼려는 사람들이라면, 바리새인은 하나님 말씀에 무엇인가를 더하려는 사람들이다"라고 했다. 사두개인이 보는 바리새인은 현실을 모르는 고지식한 사람들이고, 바리새인이 보는 사두개인은 율법을 버린 변절자였다.

엣세네파(Essenes)는 1947년 사해 북서쪽 쿰란 지역 동굴에서 많은 문서가 발견됨으로써 세상에 알려지게 되었다. 알키무스가 대제사장이 되었을 때 많은 하시딤이 이에 반발해서 마카비와 결별했다. 종교 자유를 얻었기 때문도 있지만 어쩌면 그들이 지지하는 다른 대제사장 후보가 있었는지도 모른다. 그런데 나중에 요나단이 대제사장이 되자 더욱 반대했다. 전쟁에서 숱한 피를 흘린 요나단은 대제사장 자격이 없다는 것이었다. 얼마나 극렬하게 반대했는지 요나단이 이들 중 몇 명을 죽였다.

이 일을 어떻게 해야 할까? 정통성 없는 대제사장을 인정할 수는 없는데, 그렇다고 해서 계속 반대하면 죽는다. 그래서 따로 공동체를 이루어 세상을 등지는 쪽을 택했다. 사해 북서쪽 쿰란 지역에 자기들끼리 모여 살았다. 더 이상 예루살렘 성전이 유대교의 중심이 될 수 없다는 생각으로 율법 준수를 진정한 예배로 여겼다. 자신들의 지도자를 '의의 교사'라고 부른 것에서 세상을 부정한 그들의 심리를 엿볼 수 있다. 세상은 죄가 득세했다는 것이다. 빛의 자녀와 어둠의 자녀, 선의 세상과 악의 세상 같은 극단적인 이분법을 즐겨 쓴 것도 그런 식의 사고를 반영한다.

그들은 메시아 대망 사상을 가지고 새 시대를 기다렸다. 흰 옷을 즐겨 입었고 독신을 강조했다. 토라(Torah)를 준수하고 재산을 공유했으며 성경을 읽고, 쓰고, 연구하는 데 주력했다. 수도원적인 공동체 생활을 하다가 나중에 로마에 의해 예루살렘이 함락되면서 멸절했다. 예수님 당시 약 4,000명의 엣세네파가 있었다고 한다.

누군가 가입을 원하면 먼저 1년간의 시험 기간을 거쳐야 했다. 그 기간을 통과해야 공동체의 정결 의식에 참여할 수 있었다. 거창하게 생각할 것 없다. 목욕할 수 있는 허락을 받았다는 뜻이다. 그리고 2년이 더 지나야 정회원이 되어서 공동식사에 참여할 수 있었다. 3년의 수련 기간을 거쳐야 같이 떡을 뗄 수 있는 자격이 생기는 셈이다. 세상에서 나와서 자기들끼리 따로 하나님을 섬긴다고 하면서도 그 안에 계급이 있었으니, 사람은 그만큼 남과 자기를 동등하게 여기기 힘든 존재인 모양이다.

각설하고, 종교의 자유는 얻었지만 마카비는 그것으로 만족할 수 없었다. 정치적으로 독립해야 진짜 독립이다. 그래서 계속 항쟁했는데, 처음 몇 번은 이겼다. 리시아스가 신임하는 세 장수 중 한 명인 니가노르를 죽이는 전과도 올렸고 유다 땅에 평화가 오기도 했다. 그러던 중에 로마에 관한 이야기를 들었다. 로마 군대는 무척이나 강한데, 동맹을 맺으면 어느 나라나 우호적으로 대한다는 것이었다. 로마의 힘은 알렉산더의 후계자를 자처한 안티오코스 3세를 제압한 것만 봐도 알 수 있다. 로마가 원하면 누구든지 왕좌에 앉힐 수도 있고 왕좌에서 끌어내릴 수도 있다.

이에 마카비가 로마로 사절을 보내서 우호 협정을 체결한다. 로마로서는 중근동 지역에 진출할 기회가 마련된 셈이니 마다할 이유가 없었다. 그런데 그 사절이 귀국하기도 전에 시리아가 대규모 군대를 일으킨다. 니가노르가 죽었다는 소식을 들은 데메드리오 1세가 기병 이천과 보병 이만을 보낸 것이다. 이에 맞서는 마카비는 삼천 병력을 이끌고 있었으니 이미 전력에서 많이 기울었다. 그리고 그 전투에서 마카비가 죽었다. 주전 160년의 일이다.

요나단

마카비의 죽음은 이스라엘에 상당한 충격을 주었다. 많은 사람이 슬픔에 빠졌고 율법을 버린 자들이 사방에서 일어났다. 때마침 기근도 닥쳤다. 시리아는 이스라엘의 민족 반역자들로 하여금 각 지방을 다스리게 했다. 그런 어수선한 정국에서 마카비의 동지들이 요나단(Jonathan Apphus, B.C. 160-142)에게 마카비를 대신해서 자기들을 영도해 달라고 했다. 맛다디아의 다섯 아들 중 마카비가 셋째, 코끼리에 깔려 죽은 엘르아살이 넷째, 요나단이 막내다.

요나단 아푸스(Jonathan Apphus)

이 사실을 안 시리아가 다시 군사를 일으켰다. 요나단이 일단 드고아 광야로 후퇴해서 진을 치고는 형 요한을 나바테아 사람들에게 보내서 유대인들의 소유를 맡아 보관해 달라고 청하게 한다. 그런데 요한은 가는 도중에 얌브리 사람들에게 소유를 다 빼앗기고 죽임을 당한다. 그 일 후에 얌브리 사람들에게 큰 결혼식이 있었는데 요나단과 그의 형 시몬이 그 결혼식을 기회로 삼아서 400명을 처형하고 그들 소유를 전리품으로 빼앗았다.

이렇게 형의 원수를 갚은 요나단 형제가 요단강에 이르렀고 소식을 들은 시리아 군사도 요단강 가에 진을 쳤다. 요나단과 그의 동료들이 분전했지만, 전세가 기울자 요단강을 헤엄쳐서 도망쳤다. 이에 예루살렘으로 돌아온 시리아군은 여리고, 엠마오, 벳호론, 벧엘 등의 도시를 요새화해서 높은 성벽을 쌓고 이스라엘을 경계하기 위한 수비병을 세웠다.

그런 중에 대제사장 알키무스(Alcimus)가 죽는 일이 발생한다. 알키무스가 오래전부터 있었던 성소의 벽을 헐어버릴 마음을 먹었는데, 벽을 헐기 시작했을 때 갑자기 졸도해서 작업이 중단되었다. 알키무스는 입이 마비되고 혀가 굳어져서 한마디도 할 수 없게 되었다가 큰 고통 속에 죽었다. 이렇게 해서 7년 동안 대제사장이 없는 공백 상태가 된다.

이 무렵 시리아에는 이미 왕좌를 차지한 데메드리오 1세와 자기가 정당한 왕이라고 주장하는 알렉산더 발라스(Alexander I Balas, ?-145, 안티오코스 4세의 아들) 사이에 내전이 벌어진다. 데메드리오 1세가 먼저 요나단에게 유화 제스처를 보낸다. 요나단이 발라스를 지원하는 것을 막아야 하기 때문이다. 데메드리오 1세는 요나단에게 군대를 모집하여 무장시킬 수 있는 권한을 주고 예루살렘 요새 안에 감금했던 포로들도 석방했다. 그 소식을 들은 발라스가 요나단에게 편지를 썼다. 요나단을 대제사장으로 삼는 한편 왕의 친구라는 칭호를 준다는 내용이었다. 자색 대제사장 가운과 황금관도 보냈다.

데메드리오 1세가 그 사실을 알고 또 편지를 보냈다. 모든 유대인의 세금 부담을 대폭 줄이고 예루살렘 지배권을 대제사장에게 양도하며 시리아 영토 안에 있는 유대인 포로들을 전부 석방한다고 했다. 유대인이 지키는 모든 절기를 보장하고 유대인을 정부 요직에 등용하며 해마다 은 일만 오천 세겔을 성전에 바치고 성전을 수축하는 비용은 물론 예루살렘 성벽의 건축과 그 주변을 강화하는 비용도 전부 부담하겠다고 했다. 정말 파격적인 제안이다. 하지만 믿을 수가 없었다. 데메드리오 1세는 지금까지 유대인을 말살하려고 애쓴 사람이다. 그래서 요나단은 발라스를 지원했다.

둘의 싸움에서는 발라스가 이겼고 데메드리오 1세는 교전 중에 죽었다. 왕위를 차지한 발라스는 이스라엘에 대한 헬라화를 포기하고 요나단을 대제사장으로 임명한다. 주전 152년의 일이다. 이렇게 해서 요나단이 이스라엘의 지도자 겸 대제사장이 되었는데, 많은 하시딤이 이에 반발해서 마카비 가문과 멀어진다. 요나단은 전투 중에 많은 피를 흘렸으니 대제사장으로 적합하지 않다는 것이었다.

시리아를 장악한 발라스는 애굽의 프톨레미 6세(Ptolemy VI Philometor, B.C. 185-145)의 딸인 클레오파트라와 결혼했다. 한편 데메드리오 1세의 아들인 데메드리오 2세가 수많은 용병을 이끌고 그레데에서 배편으로 길리기아에 이르렀다. 프톨레미 6세가 사위를 돕기 위해서 시리아로 왔는데, 발라스는 오히려 프톨레미 6세를 암살하려고 했다. 그 사실을 알아챈 프톨레미 6세가 딸을 빼앗아 데메드리오 2세에게 주고 그와 동맹을 맺었다. 그리고 발라스의 군대를 안디옥에서 무찔렀다. 발라스는 아라비아로 도망쳤다가 거기서 죽었다.

데메드리오 2세가 왕권을 차지하자 유대 변절자들이 요나단을 고소했다. 데메드리오 2세가 요나단을 돌레마이로 오라고 불렀다. 요나단은 많은 예물과 함께 장로들을 대동하고 찾아갔고, 조세를 300달란트로 낮춰달라고 요청해서 허락을 받아낸다. 대제사장 직위도 그대로 인정받았다. 유대 변절자들의 기대와 전혀 다른 결과가 만들어진 것이다.

한편 발라스의 수하에 트리폰이라는 장수가 있었다. 그가 발라스의 아들 안티오코스 6세(Antiochus VI Dionysus, B.C. 148-141)의 머리에 왕관을 씌우고 시리아로 왔다. 데메드리오 2세는 많은 용병을 두었는데, 급료를 제대로 지급하지 않아서 불만이 많았다. 그들이 트리폰 휘하로 모여들었다. 트리폰은 그들을 이끌고 데메드리오 2세를 공격했다. 안디옥이 트리폰의 수중에 들어갔고 데메드리오 2세는 길리기아로 피신했다.

안티오코스 6세는 요나단과 우호 조약을 맺었다. 요나단을 대제사장으로 승인하고 자색 옷과 금잔을 선물했으며 시몬을 두로에서 애굽에 이르는 군대의 지휘관으로 임명했다. 그런데 트리폰이 모반을 꾀했다. 그래서 안티오코스 6세와 밀접한 관계에 있는 요나단을 제거하고자 했다. 트리폰은 돌레마이와 인근 지역의 지휘권을 넘겨주겠다는 제안으로 요나단을 유인한 다음 억류하고 말았다.

시몬

요나단이 억류되자 주변 모든 이방인이 지금이야말로 이스라엘을 멸할 호기라며 좋아했고 이스라엘은 긴장했다. 시몬 (Simon Maccabees)이 그런 백성을 격려하며 말했다. "내 형제들이 모두 이스라엘을 위해 죽었고 남은 사람은 나 혼자뿐입니다. 나는 어떤 어려움을 당한다고 해도 내 목숨을 아끼지 않을 것입니다. 나는 내 민족과 성소를 위해서, 그리고 여러분의 처자를 위해서 원수를 갚을 것입니다." 그 말을 들은 사람들이 큰 소리로 화답했다. "당신은 당신 동생 마카비와 요나단의 대를 이은 우리의 지도자입니다. 우리의 지휘자가 되어 싸워 주십시오. 당신의 명령이라면 무조건 따르겠습니다."

이렇게 해서 시몬이 고령에 유대의 지도자가 되었다. 트리폰은 요나단을 풀어주는 조건으로 요나단의 두 아들과 은 100달란트를 요구했다. 시몬은 그의 말이 거짓임을 간파했지만 백성들의

시몬 마카비(Simon Maccabees)

원한을 살까 싶어서 그 말대로 했다. 행여 돈과 아이를 보내지 않아서 요나단이 죽었다는 원망을 듣기 싫었기 때문이다.

아니나다를까 트리폰은 약속을 지키지 않았다. 요나단을 석방한 것이 아니라 도리어 공격을 개시했다. 하지만 시몬이 다 막아냈다. 결국 트리폰은 요나단을 죽여서 땅에 묻고는 철수했다. 주전 143년의 일이다.

안디옥으로 돌아간 트리폰은 안티오코스 6세를 몰아내고 스스로 그 지역의 통치자가 되었는데, 상당한 폭정을 행했다. 이에 시몬이 데메드리오 2세에게 사신을 보내어 트리폰의 악행을 알리면서 세금을 면제해 달라고 탄원하자 데메드리오 2세가 다음과 같은 편지를 보냈다.

"나 데메드리오왕이 대제사장이며 왕들의 친구인 시몬과 원로들과 유대 모든 백성에게 인사합니다. 귀하가 보낸 황금관과 종려나무 가지를 잘 받았습니다. 나는 여러분과 완전한 화평을

맺고 또 여러분에게 세금을 면제하는 허가를 내리기 위해 나의
관리들에게 편지를 써서 보내는 바입니다. 내가 전에 여러분에
게 허가한 것은 지금도 유효합니다. 그리고 여러분이 세운 요
새는 다 여러분 소유임을 인정합니다. 여러분이 오늘날까지 범
한 어떤 과실이나 범죄도 용서하며 여러분의 빚으로 남아 있는
왕관세도 모두 면제하고 또 예루살렘에서 징수하던 다른 모든
세금도 앞으로는 징수하지 않겠습니다. 여러분 중에서 혹시 나
의 친위대에 편입할 만한 사람이 있으면 입대하도록 하십시오.
여러분에게 평화가 있기를 빕니다."

이렇게 해서 이스라엘이 이방의 속박에서 벗어나게 되었다.
맛다디아와 그의 네 아들이 목숨을 바치며 이루려고 했던 일
이 드디어 이루어진 것이다. 주전 142년의 일이다. 이때부터
80년간 독립을 유지하는데, 바벨론에게 망한 다음부터 주후
1948년 5월 14일 이스라엘이 건국될 때까지 유일하게 누린
정치적 독립 시기였다.

모든 백성이 시몬을 칭송했다. 공공문서는 물론이고 사적인
문서에도 "유대인의 대제사장이며 사령관이며 지도자인 시몬의
통치 첫 해"라는 표현을 썼다. 유대인들은 진정한 예언자가 나
타날 때까지 시몬을 영구적인 영도자, 대제사장으로 추대하기
로 했고, 시몬이 이를 수락했다. 시몬의 동의가 없으면 나라의

어떤 회의도 소집할 수 없고, 나라의 모든 문서는 시몬의 이름으로 처결하기로 했다. 시몬에게 절대 군주의 지위를 인정한 것이다. 또 국가 통치자의 지위를 그의 가문에서 세습하도록 결의했다. 이렇게 해서 하스모니아(하+시몬) 왕조가 탄생한다. '하'는 영어로 하면 'the'에 해당한다.

시몬이 다스리는 동안 이스라엘에는 하루도 평온하지 않은 날이 없었다. 시몬이 마음을 쓴 것은 자기 백성의 행복뿐이었고, 백성들은 그의 권위와 영광을 환영하고 기뻐했다. 노인들은 거리에 앉아 이야기꽃을 피우며 태평세월을 구가했다. 마카베오상 14장 12절에는 "사람마다 자기의 포도나무와 무화과나무 아래 앉았으며 그들의 마음을 괴롭힐 자는 아무도 없었다"라고 되어 있다. 솔로몬의 치세를 떠올리게 한다. 시몬이 다스리던 시대가 그런 시대였다.

이런 시몬이 안타깝게도 여리고 지역 사령관인 사위에게 죽임을 당한다. 주전 135년, 여리고를 시찰하던 시몬을 위한 환영 만찬이 열렸는데 왕위를 노린 사위 프톨레미가 시몬과 시몬의 두 아들을 죽인 것이다. 시몬의 아내도 한동안 억류되었다가 나중에 죽임을 당한다.

역사가 주는 묵상

• 맛다디아를 따라 광야로 피신한 유대인들이 안식일에는 항쟁하지 않고 그냥 죽음을 받아들였다가 나중에는 항쟁하는 것으로 바꾼다. 이런 변화를 어떻게 보아야 할까? 안식일을 지키기로 했으면 목에 칼이 들어와도 지키는 것이 옳다고 할 수도 있고, 안식일을 지키는 것은 적을 이롭게 할 뿐이니 지키지 않는 것이 옳다고 할 수도 있다. 우리는 살아도 주를 위하여 살고 죽어도 주를 위하여 죽는 사람들인데, 안식일을 지키느냐 마느냐 하는 문제에 이 말씀이 어떻게 적용될까?

• 사두개인은 모세오경만 인정했다. 역사서나 시가서에는 성전의 중요성이 드러나지 않기 때문이다. 성경을 하나님의 말씀이라고 하면서 성경이 자기들을 판단하는 줄 모르고 자기들이 성경을 판단했다.

누군가 예배를 마치고 나오면서 "오늘 설교는 마음에 안 들어"라고 말한다면 그 옛날 사두개인의 피가 흐르는 탓일 수 있다. 형통이나 축복을 말하는 구절에는 밑줄을 그으면서, 고난이나 헌신을 말하는 구절은 그냥 넘어간다면 그 또한 그런 이유 때문이다. 혹시 우리는 성경 구절을 편식하고 있지는 않은가?

• 사두개인이 보는 바리새인은 현실을 모르는 고지식한 사람들이고, 바리새인이 보는 사두개인은 율법을 버린 변절자였다. 둘 사이가 좋을 수 없었다. 그런데 복음서에는 그들이 같은 편처럼 나온다. 예수님을 적대하는 일에 서로 의기투합했기 때문이다. 그들은 자기들이 누구와 싸워야 하는지를 알았다.

이런 사실을 고려하면 교회에서 사이가 안 좋은 사람이 있는 것은 심각한 불신앙이다. 자기가 싸워야 할 상대가 누군지 몰라서 그런 것이다.

주요 등장인물

맛다디아
요한, 시몬, 유다, 엘르아살, 요나단의 다섯 아들을 둔 모데인 지방의 제사장으로, 안티오코스 4세의 학정에 반기를 들었다.

유다
맛다디아의 삼남. 마카비라는 별명이 더 유명하다. 맛다디아를 이어 유대인의 항쟁을 지휘했다.

리시아스
안티오코스 4세의 심복. 파르티아로 원정을 떠나는 안티오코스 4세로부터 국정을 위임받는다. 어린 안티오코스 5세를 왕위로 세웠으나 나중에 데메드리오 1세에 의해 제거된다.

안티오코스 5세
안티오코스 4세의 아들. 일곱 살에 왕위에 올랐다.

엘르아살
맛다디아의 사남. 리시아스가 코끼리를 앞세우고 공격해 왔을 때 지휘관이 타고 있는 것으로 추정되는 코끼리를 죽이는 데는 성공했지만, 그 코끼리에 깔려 죽는다. 맛다디아의 다섯 아들 중 가장 먼저 죽었다.

데메드리오 1세
셀루커스 4세의 아들. 안티오코스 4세가 로마에서 볼모로 있다가 셀루커스 4세를 이어 왕이 되자 대신 로마에서 볼모로 지냈다. 나중에 안티오코스 5세와 리시아스를 몰아내고 왕위를 차지한다.

알키무스

데메드리오 1세에게 빌붙어서 당시 대제사장 메넬라오스를 밀어내고 대제사장 자리에 오른 인물로, 성소 벽을 헐다가 죽는다.

요나단

맛다디아의 다섯 아들 중 막내로, 유다 마카비가 죽자 그를 대신해서 백성들을 이끈다. 나중에 알렉산더 발라스에 의해 대제사장으로 임명되자 숱한 하시딤들이 반발해서 그를 떠난다.

알렉산더 발라스

안티오코스 4세의 아들로, 이미 왕위를 차지한 데메드리오 1세를 몰아내고 왕위에 오른다. 하지만 나중에 데메드리오 1세의 아들인 데메드리오 2세에 의해 축출된다.

트리폰

알렉산더 발라스의 수하로, 알렉산더 발라스의 아들인 안티오코스 6세를 지지하며 데메드리오 2세에게 반기를 든다. 안디옥을 장악하고는 스스로 왕위에 오를 심산으로 안티오코스 6세와 가깝게 지내는 요나단을 제거하고 나중에는 안티오코스 6세도 몰아낸다.

시몬

요나단에 이어 유대를 이끈 지도자. 안디옥을 장악한 트리폰이 악정을 베풀자 이를 데메드리오 2세에게 탄원한다. 그의 정치력으로 유대가 독립하고 하스모니아 왕조가 개창된다.

프톨레미

시몬의 사위인 여리고 지역 사령관. 스스로 왕이 될 심산으로 시몬과 그의 두 아들을 죽인다. 시몬의 아내도 죽였다.

06
하스모니아 왕조

요한 힐카누스

프톨레미가 반역을 꾀했을 때 시몬의 셋째 아들 요한 힐카누스(John Hyrcanus, B.C. 164-104)는 게셀(Gezer)에 있었다. 프톨레미가 자객을 보냈지만 누군가 앞질러서 그 소식을 알려줬다. 예루살렘으로 피신한 요한 힐카누스는 아버지를 대신해서 유대의 통치자가 되었고 대제사장 직위도 승계했다. 프톨레미도 제거했다. 신약시대에 로마 제국 통치하에서 대제사장이 막강한 권력을 행사할 수 있었던 것은 하스모니아 왕조의 통치자가 대제사장을 겸했기 때문이다.

시몬이 죽었다는 소식에 시리아가 쳐들어왔지만, 요한 힐카누스가 시리아의 신민을 자처하자 큰 물의 없이 물러가면서 요한 힐카누스를 유대의 지도자로 인준했다. 이때부터 헬라화된 사두개파와 하시딤의 전통을 잇는 바리새파가 대립하기 시작한다.

요한 힐카누스(John Hyrcanus)

요한 힐카누스는 하나님이 주신 팔레스타인 땅을 회복하는 것을 사명으로 알았다. 사마리아를 정복하고 그리심산에 있는 사마리아 성전을 불태웠다. 헬라어를 사용하는 사람을 잡아 죽이기도 했다. 또 이두매를 정벌하고는 에돔 사람들에게 유대교로 개종할 것인지, 죽을 것인지 선택하게 했다. 이때 개종한 사람 중에 안티파터(Antipater I)라는 사람이 있는데, 예수님이 태어날 당시의 왕이었던 헤롯의 아버지다. 그가 요한 힐카누스의 신하로 있다가 나중에 권력을 잡는다.

요한 힐카누스는 왕이라는 칭호는 쓰지 않았지만 실질적인 왕이었다. 자기 이름이 새겨진 주화도 발행했다. 바리새인들은 이런 그를 싫어했다. 다윗의 후손도 아니면서 왕 행세를 하기 때문이다. 바리새인 중에 엘르아살이라는 사람이 있었다. 만찬자리에서 그가 말했다. "왕이 정말로 바른 사람이 되려면 대제사장직에서 물러나는 것이 어떻습니까? 왕은 정통 제사장 가문이 아닐뿐더러 왕의 어머니가 시리아의 포로였던 적이 있으니 혈통 또한 미심쩍기 때문입니다."

실제로 제사장 서품 절차에는 신체검사와 함께 족보 검사도 있었다. 어머니가 전쟁 포로였던 적이 있으면 탈락이었다. 또 제사장은 신부의 족보도 검사했다. 자식이 제사장이 되려면 모계 또한 결격 사유가 없어야 했기 때문이다.

엘르아살이 바로 그 얘기를 한 것이다. 요한 힐카누스의 어머니가 안티오코스 4세 때 포로로 끌려갔던 적이 있다는 것인데, 이는 사실이 아닌 것이 나중에 판명되었다. 하지만 요한 힐카누스를 격분하게 하기에는 충분했다. 이에 요한 힐카누스가 친바리새적 성향에서 돌아서서 노골적으로 사두개파를 지지하던 중 재위 31년 만에 아내를 후계자로 지명하고 죽었다. 아들이 다섯이나 있었지만 그가 보기에는 아무도 왕이 될 만한 재목이 아니었던 모양이다.

아리스토불루스 1세

요한 힐카누스가 아내를 후계자로 지명하고 죽자 장남 아리스토불루스 1세(Aristobulus I,, ?-103)가 반발했다. 그는 어머니를 옥에 가둬서 굶겨 죽이고 스스로 왕이 되었다. 또한 하스모니아 왕조에서 처음으로 왕의 칭호를 썼다. 아리스토불루스는 유다를 헬라식으로 개명한 이름이다. 그는 세 동생도 옥에 가두었다. 바로 밑의 동생 안티고노스(Antigonos)만 가두지 않았는데,

나중에 다른 이유를 붙여서 죽이고 말았다. 나름대로 영토 확장에 힘쓰다가 재위 1년 만에 죽었다. 그때 백성 중에 애도한 사람이 아무도 없었다고 한다.

알렉산드라와 알렉산더 얀네우스

아리스토불루스 1세에게 후계를 이을 아들이 없었기 때문에 왕위가 아내 알렉산드라(Salome Alexandra, B.C. 139-67)에게 넘어갔다. 알렉산드라는 옥에 갇힌 세 시동생을 풀어주는데 그중 첫째인 알렉산더 얀네우스(Alexander Janneus)를 대제사장으로 임명했다가 나중에 그와 결혼해서 그를 왕으로 추대했다. 얀네우스는 요나단의 헬라식 이름이다. 모든 것이 헬라화하는 것이 당시 추세였고 하스모니아 왕조 역시 예외가 아니었다.

얀네우스는 알렉산드라보다 열네 살이 적었다. 옥에서 세월을 보내던 얀네우스로서는 벼락출세일 수 있다. 하지만 바리새인들로서는 묵과할 수 없는 일이었다. 제사장은 처녀와 결혼해야 하는 법인데, 하물며 대제사장이라면 말할 것도 없다.

바리새인들이 얀네우스를 싫어하면 그다음 순서는 얀네우스가 바리새인들을 박해하는 일이다. 박해를 견디다 못한 바리새인들이 시리아에 도움을 청했다. 시리아의 공격을 받은 얀네우스는 산으로 도피했는데, 시리아군은 얀네우스를 정벌하는 것보다 민가를 약탈하는 것에 더 마음이 있었다. 그런 시리아군이 얀네우스를 죽이기라도 하면 그다음에는 이스라엘이 다시 시리아의 지배를 받게 될 것이다. 뒤늦게 그 사실을 깨달은 바리새인들이 얀네우스와 합세해서 시리아군을 몰아냈다.

다시 정권을 잡은 얀네우스는 바리새인들이 자기에게 등을 돌린 것을 잊지 않았다. 전쟁에서 이긴 기념이라며 잔치를 베풀고는 그 자리에서 바리새인 3,000명을 처벌하고 그중 800명을 십자가에 매달았다. 이 일로 8,000명의 바리새인이 국외로 도피했다. 그가 죽자 아내 알렉산드라가 여왕 자리에 올랐다. 얀네우스에게는 힐카누스 2세(Hyrcanus II, B.C. ?-30)와 아리스토불루스 2세(Aristobulus II, B.C. ?-49)라는 두 아들이 있었는데, 왕위를 아들이 아닌 아내에게 넘겨주었다. 이스라엘 역사에 최초의 공식적인 여왕이 탄생한 것이다.

얀네우스가 죽으면서 아내에게 가족은 물론 왕위를 보존할 방법을 알려준다. 바리새인들과 화합하고 그들에게 권력을 나눠주라는 것이었다. 그런 유언에 따라 알렉산드라가 바리새인들에게 남편 시신을 내주면서 불에 태우든지, 나무에 매달아서 새 밥이 되게 하든지 분을 풀 수만 있으면 마음대로 하라고 했다. 그런 파격적인 제안에 바리새인들의 마음이 누그러졌다. 알렉산드라와 바리새인들의 밀월이 시작된 것이다.

알렉산드라는 여자라서 대제사장을 겸할 수 없었다. 대제사장은 장남인 힐카누스 2세에게 맡기고 차남인 아리스토불루스 2세에게는 군 통솔을 맡겼다. 그런데 형 힐카누스 2세는 별 야심이 없는 인물이지만 동생 아리스토불루스 2세는 야심이 있었다. 게다가 바리새인들이 실권을 잡게 되자 얀네우스의 만행에 대한 복수를 말하기 시작했다. 이에 사두개인들은 차남인 아리스토불루스 2세를 중심으로 모이게 되었고, 바리새인들은 장남인 힐카누스 2세를 중심으로 모이기 시작했다.

힐카누스 2세와 아리스토불루스 2세

알렉산드라가 죽었다. 바리새인들이 먼저 발 빠르게 움직여서 힐카누스 2세를 보위에 앉혔다. 이 소식을 들은 아리스토불루스 2세가 사두개인들로 구성된 군사를 이끌고 예루살렘으로 진격했다. 군사력이 없는 힐카누스 2세는 할 수 있는 일이 없었다. 왕위를 동생에게 물려주고 이두메로 망명했다.

당시 이두메 총독은 얀네우스가 임명한 안티파터였다. 그는 힐카누스 2세의 상황을 이용해서 유대 땅으로 진출할 궁리를 한다. 우선 형의 왕좌를 빼앗은 아리스토불루스 2세를 비난하면서, 신변 보호를 위해서 나바티안(Nabataean) 왕 아레타스 3세(Aretas III)에게 피하라고 설득했다. 그리고는 아레타스 3세에게 도움을 요청했다. 힐카누스 2세도 자기가 왕위를 되찾게 되면 아버지 얀네우스가 나바티안으로부터 빼앗은 열두 개 도성을 돌려주겠다고 약속해서 오만 명의 병사를 지원받았다.

힐카누스 2세와 안티파터가 군사를 이끌고 가자 아리스토불루스 2세는 수세에 몰릴 수밖에 없었다. 그렇다고 해서 조기에 결판이 난 것도 아니다. 석 달 동안 예루살렘을 포위했는데도 싸움이 끝나지 않았다.

문득 궁금해진다. 사두개인들은 아리스토불루스 2세를 지원했고 바리새인들은 힐카누스 2세를 지원했으니, 한편으로는 치고받고 싸우면서 또 한편으로는 하나님께 부르짖었을 것이다. 그들에게 하나님은 어떤 분이었을까? 기도 내용에는 상관없이 간절하게만 부르짖으면 들어주시는 분이었을까? 아마 서로 상대방을 하나님의 백성으로 인정하지 않았을 텐데, 그러면 자기들이 하나님의 백성인 근거는 무엇이었을까?

싸움이 계속되자 힐카누스 2세와 아리스토불루스 2세가 둘 다 로마에 도움을 요청했다. 로마로서는 팔레스타인에 진출할 수 있는 기회가 온 것이다. 이때의 로마는 마카비와 우호 조약을 체결하던 때의 로마가 아니었다. 그때는 모든 주변국을 가급적 우호적으로 대했다면 지금은 지중해의 패권 국가로 군림하면서 천하를 호령하고 있었다.

그즈음 로마의 폼페이우스(Gnaeus Pompeius Magnus, B.C. 106-48)가 동방 원정 중이었다. 폼페이우스가 다메섹에 이르자 힐카누스 2세와 아리스토불루스 2세가 사신을 보냈는데, 힐카누스 2세의 사신이 헤롯 안티파터였다. 또 유대 백성들도 대표를 파견했다. 힐카누스 2세는 자기가 합법적인 왕인데 동생이 왕위를 찬탈했다고 했고, 아리스토불루스 2세는 형은 왕위를 감당하지 못한다며, 왕위가 다른 사람에게 넘어갈 것 같아서 대신 맡았다고 했다. 그리고 유대 백성들은 힐카누스 2세와 아리스토불루스 2세가 제사장의 후손인데도 통치 체제를 바꿔서 백성들을 노예화한다고 고발하면서 차라리 로마가 직접 통치해달라고 했다. 둘 다 백성들의 지지를 받지 못했다는 뜻이다.

이스라엘이 왜 이렇게 되었을까? 맛다디아가 "율법에 대한 열성이 있고 우리 조상들이 맺은 계약을 지키려고 하는 사람은 나를 따라나서시오!"라고 외칠 때 이런 나라를 상상이나 했을까? 마카비가 목숨 바쳐 싸운 이유가 이런 나라를 세우기 위해서였을까? 요나단과 시몬은 무엇을 위해 살고, 무엇을 위해 죽었을까?

폼페이우스가 힐카누스 2세의 손을 들어주자 이에 반발한 아리스토불루스 2세가 예루살렘 성문을 닫고 격렬하게 저항했다. 성안의 주민들은 둘로 나뉘었다. 힐카누스 2세를 지지하는 사람들은 폼페이우스에게 투항하자며 도시와 왕궁을 넘겨준 반면 아리스토불루스 2세를 지지하는 사람들은 성전을 장악한 후 완강하게 버텼다. 폼페이우스가 여러 조건을 제시하며 타협을 시

도했지만 요지부동이
었다. 이에 폼페이우스
가 성전에서 가장 취약
한 부분인 북쪽에 진을
치고는 안식일을 이용
하여 호를 메우고 토성
을 쌓았다. 어느 정도
호가 메워지자 공성 장
비로 성전을 향해 돌을
날렸다. 제사장들은 그
런 와중에도 아침과 오

〈예루살렘 공성전〉,
장 푸케 作(Jean Fouquet, 1470-1475).

후 3시, 하루에 두 번씩 제사를 드렸다. 로마 군사가 난입해서
사람들을 무참하게 죽이는 상황에서도 달라지는 것이 없었다.
율법을 범하는 것보다 차라리 죽는 편이 낫다고 생각한 것이다.
이날 하루에 죽은 유대인이 일만 이천 명이었다.

　　폼페이우스가 예루살렘에 입성했다. 성전에도 들어갔다. 다
신교 문화인 그리스나 로마에서는 아무렇지도 않은 일이었다.
신전에 들어갈 때는 무기를 휴대하지 않는 관례에 따라 무기도
휴대하지 않았다. 지성소에도 들어갔다. 그런데 이상했다. 아
무것도 없었다. 대체 유대인들은 어떤 신을 섬기는 것일까? 왜
신전에 신이 없을까? 게다가 유대인들이 왜 분노하는지 이해할

수가 없었다. 비록 피정복국의 신전이지만 무기를 휴대하지 않고 들어갔으니 충분히 예의를 갖춘 셈이다. 아마 폼페이우스는 죽을 때까지 그 이유를 몰랐을 것이다.

이렇게 해서 유대가 로마의 속국이 된다. 힐카누스 2세는 통수권자와 대제사장을 겸하게 되고, 아리스토불루스 2세는 두 아들, 두 딸과 함께 로마로 압송되었다. 하지만 6년에 걸친 내전의 승자는 힐카누스 2세가 아니라 오히려 안티파터였다. 그는 힐카누스 2세 치하의 이인자이면서 로마에 줄을 대었고, 폼페이우스에 의해 유대 땅 전체의 총독으로 임명된다. 마태복음을 펴자마자 헤롯이 왕으로 등장하는 배경이 이렇게 마련되는 것이다.

역사가 주는 묵상

· 시몬을 이어 정권을 잡은 요한 힐카누스는 사마리아를 정복하고 그리심산에 있는 사마리아 성전을 불태우는 한편, 이두매를 정벌하고는 유대교 개종을 강요했다. 이런 그의 행적을 어떻게 보아야 할까? 하나님을 향한 열심이었을까, 자기의 정복 욕구 충족이었을까? 우리가 무슨 수로 알겠는가? 다만 그의 인생을 통해서 미루어 짐작할 뿐이다.

하나님은 우리가 어떤 일을 했는지, 안 했는지만 심판하시지 않고 왜 했는지, 왜 안 했는지도 심판하신다. 물이 수원지보다 높이 흐를 수 없는 것처럼, 동기보다 선한 것은 없다. 그리고 그 동기는 인생 전부를 통해서 나타나는 법이다. 우리가 특정한 행위를 한다면 그 행위의 동기가 무엇일까?

· 얼마 전에 KBS2에서 방영한 <고려 거란 전쟁>에 요나라 성종이 고려 침공을 앞두고 고승을 부르는 장면이 나온다. 승려 일만 명을 동원해서 부처님께 거란의 승리를 빌어달라는 것이다. 그리고 같은 시각, 임박한 전쟁 소식에 고려 백성이 부처님께 비는 장면이 나온다. 이런 경우 부처님이 어느 쪽 손을 들어주실까? 어차피 신이 아니니 상관없을까?

알렉산드라가 죽자, 바리새인의 지지를 받는 장남 힐카누스 2세와 사두개인의 지지를 받는 차남 아리스토불루스 2세 사이에 왕권 다툼이 벌어진다. 바리새인이나 사두개인이나 유대인이기는 마찬가지이다. 당연히 하나님께 도움을 구했을 것이다. 하나님이 누구의 기도를 들어주실까? 설마 목소리 큰 쪽의 기도를 들어주실까?

기도는 하늘을 움직여서 땅의 일을 이루는 것이 아니다. 하늘의 뜻을 위해서 땅을 움직이는 것이다. 기도가 응답될수록 우리 욕구가 충족되는 것이 아니라 하나님의 뜻이 이루어져야 한다. 차제에 우리 기도가 과연 하나님의 나라와 어떤 관계가 있는지 점검해 보자. 우리가 현재 구하는 것은 어떤 것이고 이제부터라도 구해야 할 것은 어떤 것일까?

- 왕위를 놓고 다투던 힐카누스 2세와 아리스토불루스 2세가 로마에 도움을 요청하자, 마침 동방 원정 중인 폼페이우스가 칼자루를 쥐게 된다. 이때 폼페이우스는 힐카누스 2세의 손을 들어주었다. 힐카누스 2세를 지지하던 바리새인들은 전부 그것이 하나님의 뜻이라고 했을 것이다. 나중에 하나님의 은혜를 간증했을 수도 있다. 물론 아리스토불루스 2세와 그를 지지하던 사두개인들은 하나님의 뜻으로 인정하지 않았을 것이다.

우리한테는 하나님의 뜻이나 하나님의 은혜가 어떤 의미가 있을까? 혹시 자기에게 유리한 일이면 하나님의 뜻이라고 하는 것은 아닐까? 말로는 하나님의 은혜라고 하는데, 그것이 우리의 세속적인 욕구로 대체되는 것은 아닐까?

요한 힐카누스

시몬의 셋째 아들. 프톨레미가 반역했을 때 마침 게셀에 있어서 화를 피했다. 시몬의 지위를 이은 다음 프톨레미를 제거한다. 사마리아를 정복하고 사마리아 성전을 불태웠다. 이두매를 정벌하고 에돔 사람들을 유대교로 개종시키기도 했다. 이때 헤롯의 아버지인 안티파터가 개종한다.

아리스토불루스 1세

요한 힐카누스의 아들. 공식적으로 왕의 칭호를 썼다. 후계가 없었기 때문에 그가 죽자 왕위가 아내 알렉산드라에게 넘어갔다.

알렉산더 얀네우스

형 아리스토불루스 1세에 의해 옥에 갇혔다가 형수인 알렉산드라에 의해 풀려났다. 알락산드라에 의해 대제사장으로 임명되었다가 나중에 그와 결혼해서 왕으로 추대된다. 이는 제사장은 처녀와 결혼해야 한다는 율법 조항을 어긴 것으로, 바리새인들과 극한 갈등을 겪는다.

알렉산드라

이스라엘 역사상 최초의 공식 여왕이다. 얀네우스가 죽으면서 왕위를 아들이 아닌 아내에게 넘겨준 것이다. 대제사장을 겸할 수는 없어서 장남 힐카누스 2세를 대제사장으로 삼고, 차남 아리스토불루스 2세에게는 군 통솔을 맡겼다.

힐카누스 2세

얀네우스의 장남. 알렉산드라가 죽자 바리새인들에 의해 왕으로 추대된다. 사두개인의 지지를 받는 동생 아리스토불루스 2세에 의해서 잠시 밀려났지만, 이두매 총독 안티파터의 도움으로 나바티안 왕국의 지지를 얻어 왕권 경쟁에 나선다.

아리스토불루스 2세

얀네우스의 차남. 바리새인들이 힐카누스 2세를 왕으로 추대하자 사두개 인들의 지지를 업고 이에 맞선다. 처음에는 득세했지만 힐카누스 2세가 나바티안 왕국의 지원을 받자 이내 수세에 몰린다.

폼페이우스

로마 1차 삼두정치의 한 축으로, 동방 원정 중에 힐카누스 2세와 아리스 토불루스 2세의 내전에 개입하게 된다. 폼페이우스가 힐카누스 2세의 손 을 들어주는 것으로 힐카누스 2세가 유대의 통수권자와 대제사장을 겸하 게 되고, 유대는 로마의 속국이 된다.

07
로마의 시대

1차 삼두정치

당시 로마는 삼두정치(三頭政治, Triarchy) 체제였다. 카이사르 (Gaius Julius Caesar. B.C. 100-44)와 폼페이우스, 크라수스(Marcus Licinius Crassus,B.C. 115-53년)가 권력을 분점하고서 로마를 쥐고 흔들었다. 세계사에서는 카이사르가 가장 유명하지만 먼저 두 각을 나타낸 것은 폼페이우스였다. 실제로 폼페이우스는 전쟁 에서 단 한 번도 패한 적이 없는 로마의 영웅이었다. 오죽하면 별명이 '마그너스(Great)'였겠는가?

본래 로마는 해양국가가 아니었다. 그런데 포에니 전쟁으로 지중해를 장악한 다음부터 바다로 나갈 일이 잦아졌고 해적 때 문에 골치를 앓게 되었다. 해적이 배를 습격해서 물품을 빼앗을 뿐만 아니라 승객을 인질로 잡고 몸값을 요구하기도 했다.

폼페이우스가 그런 해적을 소탕했다. 로마 원로원에서 해적 소탕을 위해서 군선 500척과 12만 명의 중무장 보병, 5천 명의 기병을 동원했다. 작전에 필요한 자금으로 1억 4천400만 세르텔티아를 책정했는데, 연구자들의 추산에 따르면 로마의 일 년 예산이 2억 세르텔티아 정도였다고 한다. 일 년 예산의 72%를 투입할 만큼 해적이 골치였다. 이때 폼페이우스에게 주어진 임무 수행 기간은 3년이었다. 3년 동안 막강한 권력을 행사할 수 있게 된 것이다. 그런데 3개월 만에 모든 작전을 종결지었다. 불과 3개월 사이에 해적선 400척을 나포했고 1천 300척을 침몰시켰다. 살해한 해적이 1만 명이 넘었고 생포한 해적이 2만 명이 넘었다. 폼페이우스가 국민적인 영웅임이 재확인된 것이다.

카이사르의 업적이라면 단연 갈리아(프랑스) 정복을 꼽을 수 있다. 갈리아 원정 8년 동안 승전보를 보내올 때마다 로마 시민은 열광했다. 로마 시민의 자존감을 한껏 높여준 것이다. 로마인 이야기를 쓴 시오노 나나미(鹽野七生, 1937-)는 카이사르를 숭배하는 것처럼 보일 정도로 치켜세우기도 했다. 시오노 나나미에게 세계에서 가장 위대한 사람을 꼽으라면 서슴없이 카이사르를 꼽지 않을까 싶다.

당시 로마에서 최고의 영예로 꼽히는 것이 개선식이었다. 개선식 때는 병사들이 개선장군을 희화화해서 구호로 외치기도 했다. 자칫 개선장군이 교만해지면 신들의 미움을 사게 될까 우

〈황제의 개선식〉, 안드레아 만테냐 作(Andrea Mantegna, 1431-1506).

려해서 일부러 신들이 들으라고 소리치는 것이라고 한다. 동시
에 개선장군을 신나게 놀림으로써 개선식 분위기를 재미있게
만들고, 시민들에게 로마 군대는 친절하고 유쾌한 시민의 군대
라고 홍보하는 효과도 있었다. 카이사르의 개선식 때 병사들이
선택한 구호는 "시민들아, 마누라를 숨겨라. 대머리 난봉꾼이
나타났다!"였다. 카이사르는 그 정도로 많은 염문을 뿌리고 다
닌 사내다.

그런 카이사르의 아내 폼페이아(Pompeia Sulla)가 불륜 스캔들
에 휘말린 적이 있다. 카이사르의 정적들이 그냥 있을 리가 없

다. 직접적인 증거는 없었지만 당연히 문제 삼았고 카이사르는 이혼을 택했다. 동료가 왜 이혼했느냐고 묻자 태연하게 답했다. "카이사르의 아내는 의심조차 받아서는 안 된다." 역시 사람은 자기에게 적용하는 기준과 다른 사람에게 적용하는 기준이 다른 모양이다. 세기의 영웅이라고 해도 예외가 아니었다.

크라수스는 로마 최고의 부호였다. 노예가 무려 이만 명이었다. 개인 재산이 로마의 일 년 예산과 맞먹었다고 한다. 삼두정치가 발족하기 앞 세대에 마리우스와 술라라는 두 실력자가 있었다. 크라수스는 술라를 지지했는데 술라의 반대파들이 숙청될 때 몰수한 재산을 경매로 헐값에 사들여서 판매하는 방법으로 재산을 축적했다.

또 사설 소방대도 운영했다. 로마는 목조 건축물이 많았기 때문에 화재에 취약했다. 주후 64년의 대화재 때는 아흐레 동안이나 로마가 불에 탔다. 로마의 열네 개 행정구 중 네 개 행정구만 무사했다. 세 개 행정구가 전소하고 일곱 개 행정구가 반소하는 엄청난 참사였다. 사설 소방대를 운영하면서 불이 나면 꺼주는 것이 아니다. 불이 나면 출동한 다음 집주인과 흥정을 했다. 불에 타는 건물을 헐값에 사들이는 것이다. 돈이 되는 일이라면 뭐든지 하는 사람이었으니 평판이 좋을 리 없었다. 그런데도 막대한 재산을 이용해서 정치적 영향력을 행사했다.

크라수스는 삼두정치의 한 축을 맡았지만 군사적인 명성이 카이사르나 폼페이우스에 미치지 못하는 콤플렉스가 있었다. 검투사의 반란인 스파르타쿠스(Spartacus)의 난을 진압한 것이 유일한 군사적 공로였다. 파르티아로 원정을 떠났다가 전쟁에 패해서 죽었다.

'솥발 정'(鼎)은 발이 세 개 달린 솥을 뜻하는 글자다. 자고로 발이 세 개라야 균형을 이루는 법이다. 그런데 삼두정치의 한 축이 무너진 상태에서 남은 두 축이 제대로 기능할 수 있을까? 한때 카이사르가 자기보다 여섯 살 많은 폼페이우스에게 딸 율리아를 시집보내는 등 둘이 무척 가깝게 지내는 것 같았지만 상황이 달라졌다. 게다가 율리아가 아이를 낳다가 그만 죽고 말았으니 더 이상 장인, 사위가 아닌 남남이 되었다. 당연히 힘겨루기가 벌어진다.

갈리아와 로마 사이에 루비콘강이 있다. 그 강을 건너는 로마의 장군은 무기를 지녀서는 안 된다. 카이사르에게도 군대를 거느리지 말고 비무장으로 혼자 오라는 전갈이 전해졌다. 하지만 혼자 로마로 들어가면 자기 앞날을 장담하지 못한다. "주사위는 던져졌다"라는 말이 이때 나왔다. 카이사르가 군대를 이끌고 루비콘강을 건너 로마로 진격한 것이다. 폼페이우스와 원로원 의원들에게는 상당한 충격이었다. 그들은 카이사르가 군대를 이끌지 않고 혼자 로마에 오면 제거할 계획이었다.

폼페이우스는 일단 그리스로 피했다. 카이사르를 무서워한 것이 아니라 군대가 없었기 때문이다. 원로원 의원들도 마찬가지다. 로마에 남아 있으면 카이사르 일파로 간주한다는 말에 전부 서둘러 짐을 꾸렸다. 집집마다 소동이 벌어졌다. 가족들은 물론이고 노예들도 다 데리고 가야 한다. 가져갈 짐이 얼마나 많았는지 로마 시내에 수레가 동이 났다.

이렇게 해서 카이사르와 폼페이우스의 내전이 시작된다. 전광석화 같은 카이사르의 진격에 폼페이우스가 일단 뒤로 물러났지만, 카이사르가 갈리아와 로마를 장악한 반면 그리스와 소아시아, 시리아, 이집트, 북아프리카, 이베리아반도가 다 폼페이우스의 세력권이었다. 지난날 해적을 소탕한 공로자답게 제해권도 폼페이우스에게 있었다. 누가 봐도 카이사르에게 불리한 싸움이었다.

실제로 폼페이우스 측은 작전 회의를 하면서 로마로 돌아간 다음의 일을 의논하기도 했다. 우선 카이사르파 원로원 의원들의 재산을 몰수해서 분배하자는 데 의견 일치를 보았다. 의견 일치를 보지 못한 안건도 있었다. 당시 카이사르가 로마의 최고 제사장직을 맡고 있었는데, 그 자리를 누가 맡을 것인지에 대해서는 의견이 엇갈렸다. 폼페이우스 측 사람들이 얼마나 한심했느냐에 대한 얘기가 아니다. 그들은 자칫 질 수도 있다는 생각을 전혀 하지 않았다.

이런 전쟁에서 카이사르가 이겼다. 그것만이 아니다. 안티파터 역시 카이사르에게 줄을 섰다. 카이사르는 안티파터를 크게 후대했다. 로마 시민권과 함께 세금 면제의 특권을 주면서, 원하는 자리가 있으면 말하라고 했고 이렇게 해서 유대의 행정장관이 되었다. 안티파터에게는 네 아들이 있었는데, 장남 파사엘에게는 예루살렘을 맡기고 차남 헤롯에게는 갈릴리를 맡겼다. 당시 헤롯의 나이가 스물다섯이었는데 이때부터 탁월한 역량을 발휘했다. 특히 갈릴리 위쪽 시리아 지역의 도적을 소탕해서 로마는 물론 시리아 사람들에게까지 신망을 얻었다. 당시 시리아 총독 섹스투스(Sextus Pompeius Magnus Pius, BC. 67-35)는 카이사르의 친척이기도 했다.

그런데 로마 정치 판도에 지각 변동이 일어난다. 파르티아 원정을 준비하던 카이사르가 암살당한 것이다. 주전 44년의 일이다. 카이사르가 죽으면서 "브루투스 너마저!"라고 했다는데, 별로 신빙성이 없다. 그때 열네 명이 한꺼번에 달려들어 스물세 군데를 찔렀다고 한다. 심지어 카이사르를 찌르려다 실수로 동지를 찌르기도 했는데, 그런 난장판 속에서 카이사르가 무슨 말을 했는지 제대로 들은 사람이 있었을까?

"브루투스 너마저!"는 셰익스피어가 쓴 희곡에 나오는 대사이다. 하기야 카이사르가 브루투스(Marcus Junius Brutus, B.C. 85-42)의 어머니 세르빌리아(Servilia)와 그렇고 그런 사이였으니 브루투스를 살뜰히 챙겨주었을 것이고, 그런 브루투스가 자기에

〈카이사르의 죽음〉, 빈첸조 카무니치 作(Vincenzo Camuccini, 1798).

게 칼을 겨눈 것이 충격이기도 했을 것이다.

카이사르를 암살했다고 해서 그것으로 로마의 정권을 잡은 것은 아니다. 다시 내전이 벌어진다. 카이사르를 암살한 브루투스 일파가 이끄는 군대와 카이사르를 따르던 옥타비아누스(Gaius Octavius Thurinus, B.C. 63-14), 안토니우스(Marcus Antonius, B.C. 83-30)가 이끄는 군대가 빌립보 지역에서 결전을 벌인다. 빌립보는 필리포스 2세가 금광을 발견해서 자기 이름으로 이름을 바꾼 도시이기도 하다. 본래 이름이 크레니데스(Krinides)였다. 이 전투에서 이긴 옥타비아누스, 안토니우스가 휘하 장병들을 빌립보에 정착시키고 그들을 로마 시민과 똑같이 대우한다. 빌립보서에 유난히 군사 용어가 많이 나오는 것이 이런 때문이다.

형제들아 내가 당한 일이 도리어 복음 전파에 진전이 된 줄을
너희가 알기를 원하노라(빌 1:12).

'진전'은 헬라어 '프로코페'(προκοπή)를 번역한 말인데, '앞으로'
라는 '프로'(προ)와 '자르다', '꺾다'라는 '콥토'(κόπτω)의 합성어이
다. 장애물을 치우면서 나아간다는 뜻이다.

이는 내가 너희에게 가 보나 떠나 있으나 너희가 한마음으로
서서 한 뜻으로 복음의 신앙을 위하여 협력하는 것과(빌 1:27b).

'서서'로 번역된 '스테코'(στήκω)는 군인들이 다가오는 적을 상
대하기 위해서 방패를 들고 굳건하게 서 있는 자세를 연상시키
는 말이다. 서서 버스를 기다리는 것은 스테코가 아니다. 임전
태세를 갖춘 군인이 서 있어야 스테코다.

무슨 일에든지 대적하는 자들 때문에 두려워하지 아니하는 이
일을 듣고자 함이라(빌 1:28a).

'두려워하다'를 뜻하는 '프튀로마이'(πτυρομαι)는 달리는 말이
장애물을 만나서 움찔거리는 상황을 묘사하는 단어다. 운동장
을 달리는 경주마에게는 장애물이 없지만 싸움에 참여한 군마

는 다르다. 사방에 있는 것이 장애물이다. 어디선가 불쑥 창날이 튀어나올 수도 있다. 그렇다고 해서 움찔거리면 안 된다.

그리하면 모든 지각에 뛰어난 하나님의 평강이 그리스도 예수

안에서 너희 마음과 생각을 지키시리라(빌 4:7).

"지키시리라"는 '프후루레오'(φρουρεω)를 번역한 말이다. 군인들이 보초를 서는 것을 말한다. 로마 군대가 빌립보를 지키는 한 빌립보의 안전은 아무도 흔들 수 없다. 세계 최강의 로마 군대가 빌립보를 지키는 것처럼 하나님의 평강이 우리 마음과 생각을 지키신다는 것이다.

이런 예만 있는 것은 아니다. 빌립보서 1장 27절에서 "오직 너희는 그리스도의 복음에 합당하게 생활하라"라고 했는데, '생활하라'는 '시민 노릇하라'라는 뜻이다. 빌립보에 사는 로마인들이 로마 시민의 자부심을 가지고 살아가는 것처럼 우리가 이 땅에서 천국 시민으로 살아가야 한다는 뜻이다.

역사가 주는 묵상

• 카이사르가 24살 때 해적에게 납치된 적이 있다. 해적들이 20달란트의 몸값을 매겼다. 당시 병사 1년 연봉이 70데나리온이었으니까 4,300명의 병력을 1년 동안 부릴 수 있는 거액이었다. 그러나 카이사르는 버럭 화를 냈다. "내 몸값이 그것밖에 안 된단 말이냐?" 그러고는 스스로 몸값을 50달란트로 올렸다.

그런 일을 당하면 누구나 몸값을 깎으려고 할 텐데 카이사르는 정반대였다. 아마 카이사르는 자기의 신변 안전을 먼저 생각했을 것이다. 살인을 밥 먹듯 하는 흉악한 해적들 틈바구니에서 안전을 보장받으려면 가급적 몸값이 비싸야 한다. 그때 카이사르의 종자들이 돈을 마련해 오는 데 38일이 걸렸다. 그동안 해적들이 카이사르를 상전처럼 모셨다. 몸값 50달란트의 위력이다.

우리 몸값은 얼마나 될까? 예수님이 우리를 위해 죽으셨는데, 어쩌면 우리는 몸값에 비하면 너무 터무니없는 인생을 살고 있는지도 모른다. 카이사르가 해적을 하수인으로 부린 것처럼 죄를 부리지는 못해도 최소한 죄에 휘둘리는 일은 없어야 할 텐데, 우리가 가장 자주 갈등하는 죄가 있다면 어떤 것일까?

• 카이사르는 공공연한 바람둥이였다. 그런데 아내가 불륜 스캔들에 휘말리자, 불륜이 확실하지도 않은데 주저 없이 이혼을 택했다. 카이사르의 아내는 의심조차 받으면 안 된다는 것이 그 이유였다. 불신자의 불신앙은 심판 대상이라고 하면서 자기한테 있는 불신앙은 하나님이 이해해주신다고 생각하는 식일까? 흔히 '내로남불'이라고 하는데 우리한테서 이런 식의 사고가 나타난다면 주로 어떤 때일까?

• 로마에 1차 삼두정치가 시행되기 전, 술라와 마리우스가 로마 권력을 양분하던 시절이 있었다. 술라가 집권하자, 마리우스와 그 추종자들이 다

쫓겨났다. 나중에 마리우스가 재기에 성공했다. 불과 닷새 만에 천 명 이상이 참수되었다. 그때 마리우스는 자신을 추종하던 사람들도 처단했다. "내가 쫓겨날 때 뭘 했느냐? 그때 목숨 걸고 나서지 않았으니 지금 목숨을 바쳐라!"라는 것이 그의 논리였다. 자기를 반대한 죄를 물은 게 아니라 자기를 위해서 아무것도 하지 않은 죄를 물었다. 요컨대 중립은 없다.

신앙 영역에서도 그렇다. 성령을 따라 행하면 육체의 욕심을 이루지 않는다고 했다. 성령을 따라 행하지 않으면 육체의 욕심을 이루게 된다. 하나님을 위해서 투표권을 행사하든지, 마귀를 위해서 투표권을 행사하든지 모두가 투표권을 행사하기 마련이다. 하루 24시간, 삶의 모든 영역에서 우리의 투표권이 바르게 행사되고 있을까?

주요 등장인물

크라수스
카이사르, 폼페이우스와 더불어 로마 1차 삼두정치의 한 축. 로마에서 가장 부호였지만 군사적인 업적은 카이사르나 폼페이우스보다 못했다. 파르티아로 원정을 갔다가 죽는다.

안티파터
헤롯의 아버지로, 요한 힐카누스가 이두매를 정벌할 때 유대교로 개종했다. 이두매 총독으로 있던 중 힐카누스 2세와 아리스토불루스 2세의 내전에서 힐카누스 2세를 지지하여 힐카누스 2세 치하의 이인자가 된다. 나중에는 카이사르에게 줄을 대어 더욱 몸값을 높여 로마 시민권과 함께 유대의 행정장관 자리를 얻는다.

08
헤롯 왕조

날개를 펴는 헤롯

헤롯(Herodes I, B.C. 73-4)의 아버지 안티파터가 죽은 후에 유대 백성들이 대표를 구성해서 안토니우스에게 헤롯을 고발했다. 안토니우스는 카이사르의 부장으로 있을 때부터 안티파터와 안면이 있었다. 안토니우스가 힐카누스 2세에게 누가 유대를 통치하는 것이 좋은지 묻자 힐카누스 2세는 헤롯이 좋겠다고 대답했다. 이에 안토니우스가 헤롯과 파사엘을 유대의 분봉왕으로 임명했다.

한편 로마에 볼모로 잡혀 있던 안티고노스(아리스토불루스 2세의 아들)가 로마를 빠져나와 세력을 구축하고는 파르티아를 등에 업고 유대를 침공했다. 치열한 공방 끝에 힐카누스 2세와 파사엘은 포로가 되고 헤롯은 이두매로 피신했다. 파르티아의 도움으로 유대 왕위에 앉은 안티고노스는 행여 유대인들이 힐카누스 2세를 다시 왕으로 옹립할까 싶어서 그의 귀를 잘랐다. 신체가 손상되면 제사장이 될 수 없기 때문이다. 또 파사엘은 적의 손에 죽임을 당하는 것을 수치스럽게 여겨서 큰 돌에 머리를 부딪쳐 스스로 목숨을 끊었다.

이두매로 피신했던 헤롯이 로마에 가서 안토니우스를 만난다. 그간의 사정을 들은 안토니우스가 원로원을 소집해서 헤롯에게 왕 칭호를 준다. 평소 헤롯의 정치력을 높이 사기도 했고, 유대가 로마의 적대 세력인 파르티아의 영향 아래 들어가는 것을 막아야 했기 때문이다. 게다가 자기가 임명한 헤롯을 공격한 안티고노스에 대한 분노도 있었다.

이렇게 해서 헤롯은 도망자 신세에서 왕이 된다. 막강한 군사도 소유하게 되었다. 수세에 몰리게 된 안티고노스가 헤롯은 이두매 사람인데다가 일개 평민이지만 자기는 왕족이라면서, 왕위는 왕족의 것이어야 한다는 명분으로 백성들을 설득했지만 먹히지 않았다. 헤롯은 로마에서 왕으로 임명된 지 3년째가 되는 주전 37년에 마침내 예루살렘을 함락시켰다. 안티고노스도 생포했다. 헤롯은 그를 살려주는 것이 부담스러웠다. 비록 안티고노스가 로마에 반역했지만, 왕위는 자기 아들에게 돌아가야 한다고 하면 어떻게 될까? 그래서 안토니우스에게 처형을 건의했다. 결국 하스모니아 왕조는 문을 닫고 헤롯 왕조가 열리게 된다. 주전 37년에 시작된 헤롯 왕조의 유대 통치는 주후 44년까지 이어진다.

조선시대 세자는 왕과 같은 곤룡포(袞龍袍)를 입었다. 차이가 있다면 왕이 입는 곤룡포의 용은 발가락이 다섯 개인 오조룡(五爪龍)인데 세자가 입는 곤룡포의 용은 사조룡(四爪龍)이었다. 세자의 일과는 왕과 왕비, 대비 등 어른께 문안을 드리는 것으로 시작해서 하루 종일 공부하는 것이 전부다. 세자는 왕이 되기 전 예비 단계일 뿐 현실적으로는 아무런 권력이 없다. 정사에 가담할 수도 없고, 정사에 관계되는 말을 해서도 안 되고, 대신을 임의로 만나도 안 된다. 정사와 관련된 일은 왕의 고유 권한이기 때문에 정사에 관계된 행동을 하면 왕의 권한을 침범하는 것이 된다. 자칫 목숨을 잃을 수도 있다. 물론 왕명에 의해 정사를 돌볼 수도 있다. 하지만 영조는 이복형인 경종의 건강이 좋지 못해서 세제(世弟)로 대리청정을 한 적이 있는데, 왕위를 넘본다는 이유로 하마터면 목숨을 잃을 뻔하기도 했다.

흔히 권력은 부자간에도 나눌 수 없다고 한다. 권력의 속성이 이럴진대 헤롯은 로마에 의해 왕으로 임명을 받고도 3년여의 투쟁을 거쳐서 왕좌에 앉은 사람이다. 그런 때문인지 왕권에 위협이 된다 싶으면 가차 없이 제거했다. 심지어 아내나 아들도 예외가 아니었다. 열 명의 아내 중 두 아내와, 일곱 아들 중 세 아들, 처남, 장모, 처조부를 죽였다. 오죽했으면 아우구스투스가 헤롯의 아들(Huios)보다 그 집 돼지(Hus)가 더 안전하다고 했을 정도다.

헤롯이 안티고노스를 몰아내고 왕이 되었다는 소식에 힐카누스 2세가 찾아왔다. 헤롯에게 하스모니안 왕조 사람이 달가울 리 없었다. 실제로 하스모니아 가문에 속한 사람을 45명이나 죽이기도 했다. 공식 석상에서는 힐카누스 2세를 예우했지만 겉모습뿐이었다. 그러면서도 왕권의 합법성을 주장하기 위해서 요한 힐카누스 2세의 손녀인 마리암네(Mariamne)를 아내로 맞았다. 헤롯에게는 열 명의 아내가 있었는데, 그중 마리암네를 가장 사랑했다. 나중에 대제사장 시몬의 딸 마리암네와도 결혼하는데, 구별을 위해서 1세, 2세를 붙이기도 한다.

하스모니아 왕조에서는 왕이 대제사장을 겸했다. 하지만 이두메 출신인 헤롯이 차마 대제사장 자리를 넘볼 수는 없었다. 그래서 하나넬을 대제사장으로 임명했는데, 장모인 알렉산드라가 하스모니아 가문이 아닌 사람이 대제사장이 된 것에 불편한 심기를 드러냈다. 알렉산드라는 자기 아들 아리스토불루스 3세를 대제사장으로 생각하고 있었다. 결국 하나넬을 해임하고 아리스토불루스 3세를 대제사장으로 임명했는데, 헤롯은 하스모니아 왕조에 속한 사람이 대제사장인 것이 너무 부담스러웠다. 이두메 출신인 자기와 비교가 안 되기 때문이다. 결국 1년도 안 되어 사고를 위장해서 익사시키고 말았다.

이후 헤롯은 대제사장의 지위를 격하하는 정책을 썼다. 하스모니아 집안을 배제하고 대제사장 세습 제도를 폐지했다. 임기도 종신이 아니게 했다. 대제사장은 왕의 마음에 드는 동안만 그 직책을 수행할 수 있었다. 이렇게 해서 자신의 추종자를 종교 지도자로 세웠고, 주로 사두개파들이 그의 비위를 맞췄다.

이런 헤롯의 치세에는 긍정적인 효과도 있었다. 무엇보다 종교의 자유가 보장되었다. 회당에 모이고 성전에서 제사 지내는 것이 자유롭게 되었다. 유대인들이 율법대로 재판하는 것이 허용되었다. 안식일을 지킬 수 있게 되었고 십일조를 낼 수 있게 되었다.

로마의 2차 삼두정치

로마에서는 2차 삼두정치가 시작된다. 안토니우스와 옥타비아누스, 레피두스(Marcus Aemilius Lepidus, B.C. ?-13)가 그 주인공이다. 안토니우스는 평생 카이사르를 따라다닌 부장으로, 자기가 카이사르의 후계자인 줄 알고 있었다. 카이사르가 옥타비아누스를 후계자로 지명한 것이 상당한 충격이었을 것이다. 그에 비해 옥타비아누스는 전혀 알려지지 않은 인물이었다. 카이사르가 그를 후계자로 지명하고서야 사람들이 그의 존재를 알게 되었다. 그때 그의 나이가 고작 열여덟 살이었다. 레피두스는 카이사르가 독재관일 때 부독재관을 지낸 사람이다. 삼두의 구색을 갖추기 위한 들러리 같은 인상을 주지만 그렇지 않다. 레피두스의 주선으로 안토니우스와 옥타비아누스가 함께 모여 '국가 재건을 위한 3인 위원회'를 발족시킨 것이 2차 삼두정치의 시작이다.

여기서 잠깐 로마의 후계자 제도를 생각해 보자. 본래 옥타비아누스는 카이사르의 손자뻘이었다. 옥타비아누스의 어머니가 카이사르의 조카다. 그런데 카이사르가 옥타비아누스를 자기 후계자로 삼기 위해서 양자로 입양했다. 손자뻘을 양자로 입양하는 것이 이해가 안 되지만 로마 시대에는 그게 가능했다. 아니, 후계자로 삼으려면 그렇게 해야 했다.

하드리아누스 황제(Publius Aelius Hadrianus, 76-138)의 경우도 만만치 않다. 하드리아누스 황제는 자식이 없었다. 명상록으로 유명한 마르쿠스 아우렐리우스(Marcus Aurelius, 121-180)를 후계자로 지목하고 싶었지만 너무 어렸다. 하드리아누스가 환갑을 넘겼을 때 마르쿠스 아우렐리우스는 열여섯 살이었다. 차선책으로 심복인 안토니누스에게 자기 양자가 될 의향이 있는지 물었다. 양자가 된다는 얘기는 차기 로마 황제가 된다는 뜻이다. 단, 조건이 있었다. 양자가 되려면 마르쿠스 아우렐리우스를 양자로 삼아야 했다. 그렇게 해서라도 마르쿠스 아우렐리우스를 후계자로 삼고 싶었던 것이다. 특이한 것은 하드리아누스와 안토니누스가 열 살밖에 차이가 나지 않았다. 성경에서 우리를 하나님의 양자라고 하는 것에는 이런 배경이 있다.

잠깐만 시계를 거꾸로 돌려보자. 카이사르에게 패한 폼페이우스가 망명지로 선택한 곳이 이집트였다. 당시 이집트는 정세가 어수선했다. 남매간인 클레오파트라와 프톨레미 13세 (Ptolemy XIII Theos Philopator, B.C. 62~47)가 부부이면서 공동 통치자였는데 동생이 누나를 쫓아낸 것이다. 클레오파트라는 쫓겨난 상태에서 왕위 탈환을 노리고 있었다. 그런 정세에서 권력 다툼에 패한 망명객이 반가울 리가 없었다. 결국 폼페이우스는 암살당하는 것으로 생이 마감된다.

카이사르가 폼페이우스를 쫓아 이집트에 왔을 때는 이미 폼페이우스가 죽은 다음이었다. 그때 클레오파트라가 알몸인 상태로 카펫으로 몸을 감싼 채 카이사르를 만났다는 일화가 전해진다. 클레오파트라는 카이사르를 자기편으로 만들어서 프톨레미 13세를 몰아

〈카이사르 앞에 선 클레오파트라〉,
장레옹 제롬 作(Jean-leon gerome, 1824-1904).

내고 싶었을 것이고, 카이사르는 클레오파트라를 내세워서 이집트를 손아귀에 넣고 싶었을 것이다. 카이사르와 클레오파트라의 첫 만남에 대한 일화는 사실일 수도 있고 사실이 아닐 수도 있는데, 어쨌든 둘이 각별한 사이로 발전한 것은 사실이다. 52세의 카이사르와 21세의 클레오파트라 사이에 카이사리온(Caesarion)이라는 아들도 있었고, 클레오파트라는 이집트의 통치권자가 된다.

그랬던 클레오파트라가 이번에는 안토니우스의 여인이 된다. 안토니우스가 클레오파트라를 만난 곳이 바울의 고향인 길리기아 다소(Cilicia Tarsus)였다. 바울이 사도행전 21장 39절에서 자기를 소개하면서 자기는 유대인으로 소읍이 아닌 길리기아 다소의 시민이라고 말했듯이 다소가 당시는 상당히 큰 도성이었다.

거칠고 험한 싸움터만 몸에 익은 안토니우스에게 풍요로운 이집트의 물질문명은 정녕 별세계였을 것이다. 군사력은 로마가 우위에 있었지만 물자는 이집트를 따라갈 수 없었다. 그곳에서 안토니우스는 평생 누리지 못한 쾌락을 날마다 맛보았다.

하루는 안토니우스가 나일강에서 낚시를 했는데 통 입질이 없었다. 지루해진 안토니우스가 몰래 노예를 강바닥으로 내려보내서 낚싯바늘에 물고기를 끼우게 했다. 클레오파트라는 눈치를 챘으면서도 모른 척하고 같이 즐거워했다. 다음날에도 같은 일이 벌어졌다. 안토니우스가 또 노예를 강바닥에 내려보냈다. 그런데 낚싯바늘에 걸려 올라온 것이 말린 생선이었다. 안토니우스가 얼마나 당황했을까? 그런 안토니우스에게 클레오파트라가 말했다. "저의 위대한 장군님, 물고기를 낚는 일은 어부들에게 맡기세요. 장군님께서 낚을 것은 도시이고 왕국이고 대륙이니까요." 클레오파트라는 안토니우스의 군사적인 재능을 이용해서 더 넓은 영토를 얻고 싶었을 것이다.

그러는 중에 안토니우스, 옥타비아누스, 레피두스가 협정을 맺는다. 로마의 패권이 미치는 지역을 삼분해서 안토니우스가 동부, 옥타비아누스가 서부, 레피두스가 남부에 해당하는 아프리카를 맡기로 한 것이다. 이 협정을 공고히 하기 위해서 안토니우스가 옥타비아누스의 누나인 옥타비아와 결혼해서 둘이 인척 관계를 맺기도 했다.

하지만 안토니우스에게는 이미 클레오파트라가 있었다. 둘 사이에 아들도 있었다. 클레오파트라가 정식 결혼을 요구함에 따라 결혼식도 거행했다. 안토니우스와 옥타비아누스가 남남이 되는 것은 시간문제였다. 카이사르의 다음을 잇고자 하는 둘의 권력 투쟁이 로마와 이집트 사이에서 벌어지는 국가와 국가의 전쟁으로 양상을 달리하게 되었다. 이렇게 해서 그 유명한 악티움 해전이 벌어진다.

학생 시절, 정철의 이름을 국사 시간보다 국어 시간에 더 많

악티움 해전(Battle of Actium, B.C. 31)

이 들었던 것처럼 아그리파의 이름도 세계사 시간보다 미술 시간에 더 많이 들었다. 옥타비아누스의 군사령관이 아그리파(Marcus Vipsanius Agrippa, B.C. 62-12)였다. 군사적인 재능은 옥타비아누스가 안토니우스를 따라갈 수 없었는데 그 격차를 메운 사람이 아그리파이다. 아그리파가 기원전 31년 악티움 해전(Battle of Actium)에서 안토니우스와 클레오파트라 연합 함대를 무찌른다. 안토니우스는 칼로 자기 가슴을 찌르고 클레오파트라는 스스로 독사에게 물리는 것으로 생을 마감한다. 둘에게는 열 살 난 쌍둥이 남매와 여섯 살 난 아이가 있었다. 세 아이는 로마로 보내져서 양육되는데 그때 열일곱 살이던 카이사리온은 처형된다. 카이사르의 후계자는 옥타비아누스 한 사람으로 족하기 때문이다.

이렇게 해서 옥타비아누스가 로마의 주인이 된다. 로마 원로원은 옥타비아누스에게 아우구스투스(존엄한 자)라는 칭호를 바쳤고, 이후 아우구스투스는 황제라는 뜻으로 쓰인다. 성경에는 아구스도로 나온다.

로마로 돌아온 옥타비아누스가 한 일 중의 하나가 야누스 신전의 문을 닫은 일이다. 야누스 신전의 문은 전쟁 중에는 열어두고 평화 시에는 닫는다. 2차 포에니 전쟁에서 한니발을 이겼을 때 잠깐 닫힌 것을 제외하고는 무려 500년 동안 열려 있던 문이 비로소 닫힌 것이다. 이제부터 팍스 로마나(Pax Romana, 로마의 평화)가 시작된다. 전쟁이 그쳤다. 복음 전파를 위한 또 하나의 토양이 마련된 것이다.

헤롯의 줄타기

악티움 해전이 옥타비아누스의 승리로 끝났다는 소식에 낙담한 사람이 한둘이 아니었을 것이다. 헤롯도 그중 한 명이다. 카이사르와 폼페이우스가 대립했을 때는 카이사르 편에 줄을 섰는데 이번에는 안토니우스에게 줄을 섰기 때문이다. 자기를 유대 왕으로 임명한 사람이 안토니우스인 것을 어떻게 할까? 왕위를 보존하기가 난망하게 되었다.

헤롯은 아무래도 하스모니아 왕조의 혈통인 힐카누스 2세가 신경 쓰였다. 그래서 그를 제거하기로 작정했는데, 마침 기회가 왔다. 본래 힐카누스 2세는 동생 아리스토불루스 2세와 달리 별 야심이 없는 인물이었다. 그러나 그의 딸이기도 하고 헤롯의 장모이기도 한 알렉산드라는 달랐다. 조만간 헤롯이 쫓겨날 수 있으니 아랍으로 피신했다가 기회를 보자고 한 것이다. 그 말을 들은 힐카누스 2세가 아랍 왕 말쿠스에게 편지를 써서 친구인 도시테우스에게 전하게 했는데, 이것이 잘못되었다. 도시테우스가 힐카누스 2세를 편드는 것보다 헤롯을 편드는 것이 더 좋다고 생각해서 편지를 헤롯에게 전한 것이다. 힐카누스 2세를 걸림돌로 생각하던 헤롯에게는 울고 싶던 차에 뺨을 때려준 격이 되었다. 헤롯은 공의회에서 편지를 공개하고 힐카누스 2세를 처형했다.

그러고는 아우구스투스를 만나러 갔는데 장모인 알렉산드라가 마음에 걸렸다. 게다가 아내 마리암네 1세는 어머니나 여동생과 사이가 좋지 않았다. 장모와 아내를 알렉산드리움 요새로 보내고 소에무스에게 지키게 하면서, 만일 자기가 돌아오지 못하면 둘을 죽이고 동생 페로라스가 정권을 잡을 수 있게 도와달라고 했다.

헤롯이 마리암네 1세와 알렉산드라를 알렉산드리움에 거하게 한 것은 일종의 보호 조치였다. 어머니와 여동생과 분리하는

게 필요했다. 그런데 마리암네 1세와 알렉산드라는 그것을 감금으로 여겼다. 헤롯에 대한 증오가 가득한 채 행여 헤롯에게 불상사가 생기면 자기들도 온전하지 못하겠다 싶어서 소에무스에게 친절하게 대했고, 두 여인의 선물 공세에 마음이 녹은 소에무스는 그만 헤롯의 지령을 누설하고 말았다.

아우구스투스를 찾아가는 헤롯의 마음이 어땠을까? 그때 헤롯은 정면 돌파를 택했다. 아우구스투스에게 "제가 누구의 친구였는지 생각하지 마시고 어떤 친구였는지 생각해 주십시오"라고 한 것이다. 아우구스투스가 그 말의 논리에 설득되었는지, 헤롯의 배포가 마음에 들었는지 모르지만 헤롯은 계속 왕위를 유지하게 되었다.

예전에 "교회에서는 늘 신자다워지라고 하는데, 어느 만큼 신자다우면 됩니까?"라는 질문을 받은 적이 있다. 간단하다. 불신자 때 불신자다웠던 것만큼 신자다우면 된다. 헤롯이 그랬다. 자기가 안토니우스에게 신실했던 것만큼 옥타비아누스에게도 신실하겠다고 했다. 우리가 헤롯보다 못할 수는 없지 않은가?

한번은 이런 일이 있었다. 나바티안 왕국의 실레우스가 헤롯을 방문했다가 헤롯의 여동생 살로메를 보고 한눈에 반했다. 당시 살로메는 과부였는데, 그녀 역시 실레우스에게 마음이 없지 않았다. 실레우스는 나바티안 왕국으로 돌아갔다가 다시 유대를 방문해서 살로메에게 정식으로 청혼을 했다. 실레우스는 아레타스 4세와 왕위를 놓고 경쟁하는 나바티안 왕국의 실력자다. 그런 실레우스와 인척 관계를 맺는 것은 상당히 매력적인 일이다. 그런데도 헤롯은 살로메와 결혼하려면 먼저 할례를 받고 율법을 지켜야 한다고 했다. 실레우스로서는 난감할 수밖에 없었다. 자기가 할례를 받고 율법을 지킨다는 소문이 나면 민심이 떠날 것이다. 왕권 경쟁은 꿈도 못 꾼다. 결국 실레우스는 결혼을 포기하고 말았다.

우리 중에 헤롯을 신실한 하나님의 사람으로 기억하는 사람은 없다. 그런데도 헤롯이 그런 조건을 고수했다. 실레우스가 아무리 유력한 사람이라고 해도 "원래 그렇게 해야 하는 것이 맞지만 이번만 특별히…"라고 하지 않았다. 그에게는 유대교가 대체 어떤 의미가 있었을까?

헤롯의 치세

헤롯이 돌아왔다. 자기가 얻은 성과를 자랑스레 마리암네 1세에게 알렸다. 그런데 마리암네 1세는 반기는 것이 아니라 공개적으로 헤롯을 비난했다. 이런 상황을 이용해서 어머니와 여동생이 더욱 마리암네 1세를 모략했고 헤롯의 감정은 점점 쌓여만 갔다.

하루는 헤롯이 오정쯤에 침대에 누워서 마리암네 1세를 찾았다. 마리암네 1세는 방에 들어왔지만 헤롯 옆에 누우려 하지 않았다. 헤롯은 동침을 원했지만 마리암네 1세는 오히려 할아버지(요한 힐카누스 2세)와 동생(아리스토불루스 3세)을 죽인 살인자라고 욕설을 퍼부었다. 헤롯이 격분했고 이를 알아차린 헤롯의 여동생 살로메가 오래전부터 준비한 시나리오를 진행했다. 헤롯의 술을 따르는 사람에게 "왕비께서 왕이 마시는 술잔에 미약(媚藥) 넣는 일을 도와달라고 부탁했습니다"라고 말하게 한 것이다. 그런 말을 듣고 그냥 넘어갈 수는 없다. 헤롯은 마리암네 1세의 내시를 고문했다. 하지만 내시는 아는 바가 없으니 실토할 것도 없었다.

TV 드라마 때문에 이미지가 좋게 채색된 사람을 들라면 단연 민비(閔妃)를 꼽을 수 있다. 조선이 일제에 국권을 뺏겼는데, 민비가 그 일제에 의해 죽임을 당한 것이 그렇게 작용했다. 반면 TV 드라마 때문에 이미지가 안 좋게 변질된 대표적인 사람은 장희빈일 것이다. 장희빈을 악녀로 아는 사람이 참 많다. 장희빈 집안은 남인이었고 인현왕후 집안은 노론이었다. 남인이 득세할 때 장희빈이 중전이 되었다가, 다시 노론이 득세하자 희빈으로 내려앉았다. 이후 계속 노론이 득세했고, 노론에 의해 역사가 기술되었다.

장희빈이 무당을 불러 인현왕후를 저주하는 굿을 하고 인현왕후 화상에 활을 쏘고 제웅을 만들어서 송곳으로 찌르는 내용을 드라마에서 본 적이 있는데 그런 일이 정말로 있었을까? 최숙빈이 숙종에게 그렇게 발고(發告)하기는 했다. 국문이 열렸고 궁녀들을 고문해서 실토를 받아냈다. 그런데 발견된 증거는 하나도 없다.

지금은 증거재판주의 원칙이 적용된다. 피고인이 범행을 자백해도 증언만으로는 법적 효력이 없고 반드시 증거가 있어야 한다. 특히 피고인의 자백이 그에게 불리한 유일한 증거일 때는 자백을 유죄의 증거로 삼지 못한다고 헌법과 형사소송법에 명시되어 있다. 고문으로 강제 자백을 끌어내는 폐단을 막기 위한 제도적 장치인데 조선 시대에 그런 장치가 있었을 리 없다. 태형을 치고 주리를 틀고 압슬을 가하면 없는 죄도 만들어서 고해야 한다. 사형은 이미 정해진 것이니 얼른 원하는 답을 말하는 것이 고통을 덜 수 있는 유일한 방법이다. 버티면 버틸수록 고문만 심해진다.

헤롯 시대에는 달랐을까? 술 따르는 자가 말한 미약은 발견되지 않았다. 모진 고문 끝에 내시가 소에무스를 얘기했다. 왕비가 소에무스의 말을 듣고 왕을 미워한다고 한 것이다. 그렇게 해서 소에무스와 마리암네 1세가 처형되고 나중에는 장모인 알렉산드라도 처형된다.

아내를 처형한 헤롯은 제정신이 아니었다. 느닷없이 아내의 이름을 부르는가 하면 종들에게 마리암네 1세를 불러오라고 명령했고 혼자 통곡을 하기도 했다.

모든 사람의 인생은 한 문장으로 요약되는 법이다. 가룟 유다는 예수님을 배반한 제자이고 엘리야는 갈멜산의 영웅이다. 그런 식으로 따지면 헤롯은 예수님이 태어날 당시 두 살 이하의 남자아이를 다 죽인 왕이다. 우리는 그를 폭군으로 기억한다.

하지만 정치 수완은 탁월했다. 아우구스투스와 아그리파가 헤롯을 가리켜서 재능에 비해 다스리는 땅이 너무 좁다고 인정했을 정도다. 바울이 유대인에게는 유대인처럼, 이방인에게는 이방인처럼 행한다고 했는데 그 원조가 헤롯일 수 있다. 그도 역시 유대인에게는 유대인처럼, 이방인에게는 이방인처럼 처신했다. 바울은 복음을 위해서 그렇게 했고 헤롯은 자기의 정치권력을 위해서 그렇게 했다.

로마의 유대 통치는 특이했다. 다른 나라에는 총독을 파견했지만 유대에는 다르게 했다. 다른 나라는 다신교 국가였지만 유대인은 유일신을 믿었기 때문에 통치가 힘들었다. 통치자로 분봉왕을 임명하고 총독을 두어 정치, 군사를 맡기고, 종교는 대제사장을 인정했다. 헤롯은 그런 통치에 최적화된 사람이었다.

헤롯은 유대인들의 심기를 불편하지 않게 하려고 가이사의 초상은 단 한 장도 예루살렘에 들어오지 못하게 하고, 가이사의 형상이 있는 동전도 예루살렘에서는 주조하지 못하게 했다. 안티고노스와 싸우면서 예루살렘을 포위했을 때는 포위된 백성들을 위해서 희생 동물을 들여보내기도 했다. 성전의 제사 의식이 방해받지 않게 한 것이다. 주전 25년의 기근 때는 굶주린 백성들을 위한 식량을 사들이기 위해서 왕궁에 있는 모든 금붙이, 은붙이를 처분했다. 자기 집의 금 접시를 녹이기도 했다. 영락없는 성군의 모습이다. 또 이웃 나라의 어려움도 외면하지 않았다. 시리아에 종자를 보내서 농사를 지을 수 있게 하는가 하면 추수할 일꾼이 부족했을 때는 오만 명의 일꾼을 지원했다.

그런 헤롯이 다시 한 여인을 사랑하게 된다. 제사장 시몬의 딸 마리암네 2세를 보고 한눈에 반한 것이다. 하지만 권력을 이용해서 그 여자를 차지할 마음은 없었다. 그런 일은 폭군이나 하는 법이라고 생각했다(헤롯 생각에 자기는 폭군이 아니었다). 그 여자와 정식으로 결혼할 마음을 먹었다. 그러려면 그 여자의 집안이 미천하면 안 된다. 당시 대제사장이었던 예수를 해임하고 그 여자의 아버지 시몬을 대제사장으로 임명했다. 그렇게 해서 대제사장 시몬의 딸인 마리암네 2세를 아내로 맞았다.

헤롯을 얘기하면서 성전을 빼놓을 수 없다. 그가 예루살렘 성전을 재건했는데, 주전 19년에 착공해서 그가 죽은 다음인 주후 63년에 완공되었다. 예수님 당시는 46년째 건축 중이었다.

공사를 위해서 돌을 운반할 마차 일천 대와 숙련된 기술자

일만 명을 동원했다. 또 성전의 성소에는 제사장들만 출입이 가능하므로 제사장 일천 명을 석공으로 훈련해서 성소 공사에 투입했다.

성전은 표면적이 $480 \times 300m$로 예루살렘 도성 면적의 1/6에 해당할 만큼 엄청난 규모였다. 성전 벽 중에서 가장 높은 곳은 50m가 넘었고, 어떤 돌은 $12 \times 5.4 \times 3.6m$의 크기로 100톤이 넘기도 했다. $360 \times 450m$ 넓이의 성전 뜰에는 대리석을 깔았다. 축구장 넓이의 23배다. 기초공사를 하면서 45m 깊이까지 땅을 파기도 했다. 게다가 성전은 거대한 도축장이다. 성전 뜰에는 정화 시스템이 필요했다. 그 일을 위해서 34개의 수조를 만들었는데 가장 큰 수조에는 9,092,000리터의 물을 저장할 수 있었다. 유대 역사가 요세푸스는 성전을 이렇게 설명했다.

"거의 완벽에 가까운 외관은 보는 사람들의 마음과 눈을 사로잡았다. 사면이 모두 금으로 되어 있어서 태양이 떠오르면 불타는 듯한 빛을 반사했기 때문에 성전을 보려는 사람마다 눈을 돌릴 수밖에 없었다. 금으로 덮이지 않은 부분은 완벽한 흰색으로 덮여 있어서 멀리서 보면 마치 눈에 덮인 산처럼 보이기도 했다."

로마 황제는 아우구스투스, 티베리우스(Tiberius Caesar Augustus, B.C. 42-A.D. 37), 칼리굴라(Caligula, A.D. 12-41), 클라우디우스(Claudius I, B.C. 10-A.D. 54), 네로(Nero, A.D. 37-68)로 이어진다. 칼리굴라의 할아버지인 마커스 아그리파(Marcus Agrippa)가 성전을 방문하고는 그 엄청난 위용에 할 말을 잊은 채 감탄사만 연발했다고 한다. 로마 최상류층에 속한 사람이 감탄할 정도면 갈릴리 '촌놈'인 예수님의 제자들은 어떠했을까? "선생님이여 보소서 이 돌들이 어떠하며 이 건물들이 어떠하니이까" 하고 감탄할 만하다. 그들에게 성전은 그야말로 경이 그 자체였을 것이다. 그런데 나중에 돌 하나도 돌 위에 남지 않고 다 파괴된다.

헤롯은 또 맛사다 요새도 건축했다. 안티고노스가 파르티아를 업고 쳐들어왔을 때 헤롯이 로마에 도움을 구하러 가면서 가족을 맛사다에 대피시켰다. 맛사다는 공격을 받았지만 안전했다. 말 그대로 난공불락이었다. 그런데 클레오파트라가 유대 땅을 욕심냈다. 안토니우스가 허락하지 않기는 했지만, 헤롯으로서는 긴장할 수밖에 없는 일이다. 그래서 맛사다를 본격적으로 요새화했다. 거대한 물탱크를 만들고 바위 절벽 위에 왕궁도 만들었다. 왕궁에는 사우나 시설도 있었다.

헤롯의 후계자들

마리암네 1세에게는 알렉산더와 아리스토불루스라는 아들이 있었다. 그들은 한동안 로마에서 지냈다. 헤롯이 아우구스투스와 교분을 가질 기회를 주기 위해서 보낸 것이다. 아우구스투스도 그들을 크게 환대했다. 그리고 헤롯에게 유대 왕국을 아들에게 물려줘도 좋다고 했다.

이런 알렉산더와 아리스토불루스가 귀환했다. 고모 살로메가 그들을 반길 리가 없다. 마리암네 1세의 죽음에 관계된 사람들도 마찬가지다. 형제 중 누군가 헤롯을 이어 왕위에 오르면 자기들의 안위를 장담할 수 없다. 그래서 필사적으로 그들을 헐뜯고 모함했다. 모함의 골자는 "알렉산더와 아리스토불루스가 어머니를 죽인 헤롯을 증오한다."였다.

그런 모함이 효과가 있었다. 긴장한 헤롯이 이들을 견제할 생각으로 다른 아내(도리스)에게서 낳은 아들 안티파테르(Antipater)를 왕궁으로 불렀다. 알렉산더와 아리스토불루스에게 왕위 계승을 떼 놓은 당상으로 여기지 말라고 경고한 셈이다. 하지만 안티파테르에게는 좋은 기회이기도 했다. 그는 이복동생들을 제거하려고 끊임없이 음해했다. 헤롯은 알렉산더와 아리스토불루스에 대한 비난을 들을수록 그들의 경각심을 일깨우는 뜻으로 안티파테르를 가까이했고, 나중에는 그의 어머니 도리스를 왕궁으로 불렀다. 아우구스투스에게 편지할 때마다 안티파테르를 치켜세우는가 하면 안티파테르를 데리고 로마에 다녀오기도 했다. 알렉산더와 아리스토불루스는 왕위에서 멀어지고 안티파테르가 왕위에 다가서게 되었다. 게다가 아리스토불루스의 아내가 살로메의 딸이었다. 그가 아리스토불루스가 하는 말을 일일이 살로메에게 일러바쳤고 그 말은 다시 헤롯에게 들어갔다. 급기야 헤롯은 알렉산더와 아리스토불루스가 왕권을 찬탈하려고 음모를 꾸민다고 생각하기에 이르렀다. 결국 둘 다 교수형에 처하게 된다.

이제 왕위는 안티파테르 몫인 모양새가 되었다. 그런데 안티파테르가 엉뚱한 마음을 품는다. 하루라도 빨리 왕이 되고 싶은 욕심에 헤롯을 독살하려고 한 것이다. 이때 헤롯은 왕위를 안티파테르에게 물려준다는 유언장도 쓴 상태였다. 아우구스투스에게 보내는 편지에 안티파테르를 자기 후계자로 얘기하기도 했다. 대체 안티파테르는 얼마나 어리석었던 것일까? 마리암네 1세의 헤롯 독살 음모 사건은 내시의 실토 외에 아무런 증거가 없었지만 이번에는 독약도 나왔다. 헤롯은 안티파테르를 처형한 다음 장례식도 치르지 말고 그냥 묻어버리라고 했다. 안티파테르가 처형된 닷새 후에 헤롯도 죽는다. 그가 다스리던 영토는 헤롯 아켈라오(Herod Archelaus, B.C. 4-A.D. 6)와 헤롯 안디바(Herod Antipas, B.C. 4-A.D. 39), 헤롯 빌립(Herod Philip, B.C. 4-A.D.

34)에게 분할되었다.

헤롯이 죽기 전에 꾸민 끔찍한 일이 있다. 그는 자기가 죽으면 백성들이 슬퍼하기는커녕 오히려 좋아할 것을 염려했다. 그래서 유대 전역의 유력 인사들을 불러 모아서 여리고의 경기장에 가두었다. 그러고는 여동생 살로메와 매제 알렉사스에게 자기가 죽으면 전부 처형하라고 했다. 그래야 자기가 죽는 날, 온 백성이 슬픔에 잠겨서 울부짖지 않겠느냐는 것이었다. 대체 그의 머릿속에는 뭐가 들어 있기에 그런 발상을 하는지 신기할 정도다. 살로메와 알렉사스가 그 명령을 이행하지 않은 것이 그나마 다행이다.

헤롯이 죽은 것이 주전 4년이다. 그러면 얘기가 이상해진다. 예수님의 탄생을 기준으로 주전과 주후가 나뉘는데, 예수님이 태어날 때 두 살 이하의 사내아이를 다 죽인 헤롯이 예수님 오시기 4년 전에 죽었다는 것은 말이 안 된다.

우리나라의 경우 한동안 왕을 기준으로 연도를 계산했다. 고려 성종 12년부터 현종 10년에 이르기까지 26년간 세 차례에 걸쳐 거란이 고려를 침략했고, 조선 선조 25년에 임진왜란이 일어났다는 식이다. 다른 나라와 교류가 빈번하지 않으면 그런 식으로 따져도 큰 불편이 없다. 하지만 유럽은 그렇지 않다. 수두룩한 나라들이 서로 국경을 맞대고 있으니, 연도가 다르면 상당히 불편하다. 모든 나라가 공통으로 쓸 수 있는 연도가 필요하다. 모든 나라에 똑같이 적용될 수 있는 기준이 어떤 게 있을까? 예수님의 탄생을 기준으로 삼자고 하면 모두 동의할 것이다. 그런데 예수님이 언제 태어났는지 아는 사람이 없었다.

디오니시우스 엑시구스

디오니시우스 엑시구스(Dionysius Exiguus, 470-544)가 이 문제를 연구했다. 그가 주후 525년에 쓴 부활제의 서에서 예수님의 탄생이 로마 건국 754년이라고 밝히면서, 로마 건국 754년을 주후 1년으로 하자고 주장했다. 주후 664년 영국 휩토비 종교회의에서 그의 주장이 채택되었고, 9세기경에는 유럽 전역에 퍼졌다. 그런데 나중에 그 주장이 틀렸다는 사실이 밝혀졌다. 그가 계산한 연대를 기준으로 하면 예수님이 주전 4년에 태어난 셈이 된다. 하지만 이미 모든 나라에서 쓰는 연대를 이제 와서 어떻게 할까? 틀린 것은 알지만 그냥 쓸 수밖에 없었다.

주전을 말하는 'B.C.'는 'Before Christ'의 약자이고 주후라는 뜻의 'A.D.'는 'Anno Domini'의 약자이다. 라틴어로 '주의해'라는 뜻이다. 영어로는 'in the year of our Lord'이다. 세상에서는 기원전, 기원후라고 하지만 우리는 주전, 주후라고 한다. 어떻게 얘기하든지 예수님이 인류 역사의 기준이다.

B.C.는 영어이고 A.D.는 라틴어인 것이 의아할 수 있는데, 이는 만들어진 시대가 다르기 때문이다. 처음에는 A.D.만 쓰였다. 디오니시우스 엑시구스가 로마에서 활동했으니 라틴어가 쓰인 것이 당연하다. 또 모든 나라에서 같이 쓸 연도가 필요한 이유는 주후를 계산하기 위해서였다. 그 시대 사람들은 주전에 관심이 없었으니 A.D.만으로 충분했다. 나중에 고고학이 발달하면서 주전을 말할 필요가 생겼고, 그래서 B.C.가 만들어진 것이다.

1957년 8월 30일, '귀하신 몸 사건'이 있었다. 이승만의 양자 이강석이 경주 경찰서에 나타난 것이다. 아버지의 밀명으로 풍수해 피해 상황과 공무원들의 기강을 확인하러 왔다고 했다. 대통령 아들이 왔다는 소식에 모든 기관장이 쩔쩔맸다. "귀하신 몸이 여기까지 왕림하시니 광영이옵니다"라며 머리를 조아리는 사람도 있었다. 그러나 사흘째 되는 날 가짜 행각이 탄로났다. 경북도지사가 이강석과 안면이 있었고 그 아들은 이강석과 서울대학교 동창이었던 것이다.

헤롯이 죽은 직후에도 비슷한 일이 있었다. 헤롯의 일곱 아들 중 알렉산더와 아리스토불루스, 안티파테르 세 아들이 반란 음모로 처형당했다. 그런데 난데없이 알렉산더를 자처하는 사람이 나타났다. 그는 자기가 죽기 직전에 기적적으로 구출되었다고 했다. 크레타에서 멜로스, 디케아르키아, 가는 곳마다 그를 따르는 사람이 있었다. 로마에 이르자 많은 유대인이 열렬히 환영하며 그를 왕의 가마에 태워 일종의 카퍼레이드를 벌였다. 정치 자금을 건네는 사람도 있었다. 그가 왕이 될 때를 대비해서 미리 줄을 서는 것이었다. 처형 직전에 구출된 것이 그를 왕으로 세우려는 하나님의 섭리 아니겠느냐는 말도 나돌았다.

아우구스투스가 소문을 듣고는 그를 불렀고, 결국 사기극인 것이 들통났다. 그의 외모가 알렉산더와 흡사하다는 사실에 착안해서 그를 부추겼던 사람들도 전부 처형되었다.

그에게 정치 자금을 건넨 사람들은 어떻게 되었을까? 그들은 전부 사색이 되었다. 기대한 감투가 물거품이 된 것이 문제가 아니다. 엉뚱한 마음을 품은 것에 대한 문책이 있을 것이다. 그런데 아우구스투스가 의외의 판결을 내렸다. 이미 거액을 사기당했으니 그것으로 충분히 벌을 받았다는 것이다. 세상에서 허탄한 것을 좇는 사람들도 그럴 것이다.

아켈라오, 안디바, 빌립

헤롯이 죽은 다음에 그의 영토는 아켈라오와 안디바, 빌립이 나누어 통치하게 된다. 그런데 일이 매끄럽게 처리되지 않았다.

헤롯이 유언장을 여러 차례 고쳤기 때문이다. 처음에는 자기 왕국을 안티파테르에게 물려준다고 했다가 나중에는 안디바에게 물려준다고 했다. 그리고 죽기 5일 전에는 안디바에게 물려주려고 했던 왕국을 아켈라오에게 물려주고, 안디바에게는 갈릴리와 베레아를, 빌립에게는 이두래와 드라고닛을 물려준다고 했다. 이 일로 인해서 아켈라오와 안디바가 아우구스투스 앞에서 서로 자기가 후계자라고 주장하는 사태가 벌어진다. 둘은 이복형제가 아닌 동복형제로 아켈라오가 형이었다.

안디바는 아버지가 온전한 상태에서 자기를 후계자로 지목한 유언장이 몸과 마음이 쇠할 대로 쇠한 상태에서 작성한 유언장보다 더 효력이 있다고 주장했고, 아켈라오는 아버지가 죽기 직전에 작성한 유언장도 정신이 온전한 상태에서 작성한 것이니 새로 작성한 유언장이 이전의 유언장보다 더 효력이 있다고 주장했다.

양측의 주장을 들은 아우구스투스가 아켈라오에게 예루살렘을 중심으로 하는 중부(유대, 사마리아, 이두매)를 맡기고 안디바에게는 남부(갈릴리, 베레아)를, 빌립에게는 북부(이두래, 드라고닛)를 맡겼다. 헤롯이 다스리던 영토의 절반을 아켈라오에게 맡겼으니 일견 아켈라오의 손을 들어준 것 같지만 왕의 칭호는 허락하지 않았다. 안디바와 빌립을 분봉왕으로 임명하고 아켈라오를 민족의 통치자로 임명하면서, 영토를 잘 다스리면 차후에 왕으로 임명하겠다는 언질을 줬다.

아켈라오의 통치는 그리 매끄럽지 못했다. 그의 통치가 시작되기도 전에 반대 움직임이 있었다. 아켈라오는 왕위 계승에 방해가 될까 싶어서 가급적 조용히 처리하려고 했지만 마침 유월절 기간이었다. 소수의 사람으로 시작된 소란이 점점 커져서 대규모 반란의 성격을 띠게 되었고, 급기야 사태를 진정시키기 위해서 3,000명을 살해했다. 그의 통치가 시작된 다음에도 또 반란이 일어났는데 역시 잔인하게 진압했다.

아켈라오는 성경에 딱 한 번 언급된다. 요셉과 마리아가 아기 예수를 데리고 애굽으로 피신했다가 헤롯이 죽은 다음에 다시 돌아오는데, 헤롯을 이어 아켈라오가 임금이 되었다는 소식에 갈릴리 지방으로 갔다고 했다. 갈릴리는 안디바의 영토였다. 아켈라오가 그만큼 성정이 포악했다.

유대와 사마리아 백성들이 대표를 뽑아서 아우구스투스에게 아켈라오의 폐위를 청원했다. 청원이 받아들여지면 다행이지만 받아들여지지 않으면 자신들의 목숨이 위태하다. 그런데 대규모 반란 사태를 염려한 아우구스투스가 청원을 받아들였다. 아켈라오를 소환해서 갈리아 지방의 비엔나로 추방했다. 안디바는 주후 39년, 빌립은 주후 34년까지 통치한 반면 아켈라오는 주후 6년에 통치를 끝맺고 말았다.

아켈라오가 다스리던 영토는 로마가 직접 통치했는데, 코포니우스(Coponius)가 첫 번째 총독으로 파견되었다. 그러자 반발이 일어났다. 사도행전 5장 37절에 나오는 갈릴리 유다와 바리새인 사독이 "로마에 세금을 내는 것은 하나님 외에 다른 주를 인정하는 것"이라고 하면서 로마에 맞서 싸워야 한다고 선동한 것이다. 그렇다고 해서 지금까지 다른 나라에 세금을 안 낸 것도 아니다. 프톨레미 왕조의 지배를 받을 때도 세금을 냈고 셀루커스 왕조의 지배를 받을 때도 세금을 냈다. 그 이전에 바사 제국에도 세금을 냈다. 그러니 유대교에 새로운 논리가 들어선 것이다.

이들의 투쟁은 상당히 거칠고 과격했다. 같은 유대인이라도 자기들을 따르지 않으면 살해 대상으로 삼았다. 로마와 투쟁하는 것이 율법적으로 옳다면 그 투쟁을 거부하는 것은 율법을 버린 행위가 되기 때문이다. 이렇게 해서 열심당이 생긴다. 이들은 자기들이 비느하스의 본을 따른다고 믿었다. 고통을 하찮게 여겼으며 죽음도 두려워하지 않았다. 모진 고문을 당하면서도 하나님 외에 그 누구도 주라고 부르지 않았다. 그들은 '식카'라는 칼을 가지고 다니면서 요인을 암살했는데, 친로마 인사 역시 암살 대상이었다. 마카비가 셀루커스 왕조에 대항해서 독립을 찾았으니 자기들이라고 해서 로마를 이기지 못할 까닭이 없다고 생각했다. 하지만 차이가 있었다. 마카비 혁명은 유대 종교에 대한 탄압 때문에 일어났지만 열심당은 로마의 주권에 대항

해서 일어났다.

갈릴리와 베레아를 통치한 안디바는 세례 요한을 죽인 것으로 유명하다. 사도행전에 나오는 베뢰아는 마게도냐에 있는 지역이고, 베레아는 요단강 동편 남쪽 지방을 말한다. 요단강 동편 북쪽은 데가볼리다.

본래 안디바는 나바티안 왕국 아리타스 4세의 공주와 결혼했다. 바울이 아레다 왕을 피해서 광주리를 타고 다메섹 성벽을 내려 도망간 적이 있는데, 그 아레다 왕이 아리타스 4세다. 당시 그 일대에서 나바티안이 가장 강성했다. 그런데 안디바가 로마에 갔다가 이복형 빌립의 집에 머무는 동안 형수 헤로디아와 불륜에 빠진다. 헤로디아는 아버지 헤롯에게 죽임을 당한 아리스토불루스의 딸이며 아그립바 1세의 여동생이었다. 안디바에게는 조카인 셈이다. 유부남인 안디바가 유부녀인 헤로디아에게 청혼을 했고 결국 결혼이 이루어졌다. 세례 요한이 이 일을 책망했다가 죽임을 당한다.

안디바가 빌립의 아내를 빼앗았다는 얘기는 일견 이해가 되지 않는다. 아무리 이복형제라고 하지만 피를 나눈 사이인데 어떻게 그럴 수 있느냐가 아니다. 안디바가 갈릴리와 베레아 지방의 분봉왕이라면 빌립은 이두래와 드라고닛 지방의 분봉왕이기 때문이다. 안디바의 세수가 연간 200달란트였고 빌립의 세수가 연간 100달란트였으니 안디바가 더 강력한 분봉왕이었을 수 있지만 빌립도 명색이 분봉왕인데 아내를 빼앗긴다는 것이 말이 될까?

고려가 원나라 속국이던 시절, 원나라에 보내는 공물에 여자도 포함되어 있었다. 하지만 원나라에서 고려 왕비를 보내라고 하면 어떻게 되었을까? 그런 요구까지 응할 수는 없다. 나라가 망하는 한이 있어도 싸워야 한다. 그런데 빌립은 왜 그렇게 무력했을까?

헤롯에게는 모두 일곱 명의 아들이 있었다. 알렉산더와 아리스토불루스, 안티파테르는 왕위를 넘본다는 이유로 처형당했고, 아켈라오, 안디바, 빌립은 영토를 나누어 받았다. 그러면 한 명은 어디 갔을까?

안티파테르가 헤롯을 독살하려다 발각되었을 때, 헤롯이 관련된 사람들을 다 잡아다 문초했다. 그 과정에서 아내인 마리암네 2세가 그런 음모가 있는 것을 알고도 묵인한 사실이 드러났다. 그의 아들이 빌립이었다. 이두래와 드라고닛 지방의 분봉왕인 빌립과 구별하기 위해서 그를 '빌립 1세'라고 한다. 이두래와 드라고닛 지방의 분봉왕은 '빌립 2세'이다. 헤롯이 그 빌립 1세를 자기 후계자로 지목한 상태에서 독살 시도가 발각됐다. 결국 마리암네 2세와는 이혼하고 빌립 1세는 후계자 구도에서 삭제되었다. 마리암네 2세의 아버지인 시몬도 대제사장

직에서 해임되었다.

헤로디아는 빌립 1세의 아내였다. 어쩌면 안디바와의 결혼을 일종의 신분 상승 기회로 여겼을 수 있다. 아무런 공직도 없는 빌립 1세보다 분봉왕인 안디바가 훨씬 매력적으로 보였을 것이다.

안디바는 어떤 마음이었을까? 아무런 갈등 없이 이런 결혼을 할 수는 없다. 자기 소행을 합리화해야 한다. 어쩌면 아버지 헤롯이 마리암네 1세와 결혼한 사실을 떠올렸을 수 있다. 아버지가 유대인의 마음을 얻어야 했던 것처럼, 자기는 갈릴리와 베레아 지방의 민심을 얻어야 하는 사람이다. 나바티안 왕국을 처가로 삼아서 외연을 넓히는 것도 중요하지만 내실을 다지는 것도 무시할 수 없다는 논리를 갖다붙였을 것이다.

이 일로 아리타스 4세가 쳐들어왔고, 안디바는 전쟁에서 크게 패했다. 로마에 도움을 요청해서 가까스로 곤경에서 벗어난다. 유대 백성들은 안디바의 그런 처지를 세례 요한을 죽인 것에 대한 보응으로 여겼다.

아켈라오가 다스리던 영토는 첫 번째 총독 코포니우스를 거쳐 암비블루스, 안니우스 루프스, 그라투스에 이어 본디오 빌라도(Pontius Pilatus, ?-39)가 맡게 된다. 빌라도는 본래 귀족 출신이 아니었다. 그런데 디베료 황제(Tiberius Caesar, B.C. 42-A.D. 37)

의 세 번째 아내인 클라우디아의 딸과 결혼하면서 신분이 급상
승해서 귀족 계급의 반열에 서게 되었고, 주후 26년에 유대 총
독으로 임명받았다. 아그립바 1세는 그런 빌라도를 천성적으로
고집이 세고 굽힐 줄 모르며 엄격하면서도 뇌물을 좋아하고 거
만하고 극도로 잔인한 사람이라고 평했다.

이전의 총독들은 유대인의 감정을 고려해서 로마 황제가 그
려진 군기를 예루살렘에 가지고 오는 일을 삼갔다. 그런데 빌라
도는 그것을 소심한 탓으로 여겼다. 그래서 한밤중에 군기를 가
지고 예루살렘에 들어왔다. 몰래 일을 꾸몄다는 뜻이 아니다.
다음날 유대인들이 그것을 보고는 기정사실로 받아들이게 하
기 위한 것이었다. 유대인들을 길들이려고 나름대로 수를 쓴 것
인데, 유대인들이 그렇게 만만할까? 밤낮 닷새 동안 기를 치우
라고 요구했다. 빌라도는 황제에게 모독이 된다며 거부하다가
6일째 되는 날에는 무장 병력을 출동시켰다. 당장 철수하지 않
으면 죽인다고 겁박한 것이다. 유대인들은 율법이 더럽혀진 곳
에서 사는 것보다 죽는 것이 낫다고 버텼다. 결국 빌라도가 물
러날 수밖에 없었다. 대규모 유혈 사태가 나면 그 또한 자기 책
임이기 때문이다.

얼마 뒤 빌라도는 예루살렘에 물을 끌어오는 수로 공사를
하면서 그 경비를 예루살렘 성전 금고에서 충당하려고 했다.
유대인들이 당연히 반발했다. 숱한 인파가 몰려들어서 로마 군

인들을 에워쌌다. 빌라도는 군인들에게 곤봉을 들려서 군중 속으로 뚫고 들어가게 했는데, 아무리 곤봉을 휘둘러도 유대인들이 물러서지 않았다. 많은 사상자가 발생하고서야 사태가 종결되었다.

이런 전례가 예수님을 재판할 때 고스란히 부담으로 돌아왔다. 빌라도는 유대인들이 예수님을 시기로 넘겨준 줄 알았다. 그러면 무죄를 선고하면 그만이다. 유대인들이 억지를 부리면 총독의 권위로 으름장을 놓을 수도 있다. 그런데 그게 아니었다. 빌라도는 민란을 걱정할 수밖에 없는 처지였다. 또 민란이 일어난다면 총독 자리가 위태롭기 때문이다. 빌라도는 식민 국가의 총독이면서도 피식민 백성들의 요구에 끌려다닐 수밖에 없었다.

헤롯 아그립바 1세

사도행전 12장에 헤롯이 야고보를 죽이고 베드로를 옥에 가둔다는 내용이 나오는데, 그 헤롯이 헤롯 아그립바 1세(Herod Agrippa 1, 37-44)이다. 그는 아버지 아리스토불루스가 처형된 다음 로마로 보내졌다. 로마에서 한량처럼 지내면서 로마 황실에 속한 칼리굴라(Caligula, 12-41)와 친분을 나누게 된다. 본명이 가이우스(Gaius)인데, 칼리굴라라는 별명이 더 유명하다. '작은 군화'라는 뜻이다.

당시 황제는 티베리우스였다. 성경에는 디베료로 나온다. 한 번은 아그립바 1세가 칼리굴라와 함께 말을 타고 가다가 "늙은 황제가 얼른 죽어서 자네가 황제가 되면 좋겠다"라고 했는데, 그 말이 티베리우스 귀에 들어가고 말았다. 결국 꼼짝없이 옥에 갇히는 신세가 되었다.

감옥에서 지내던 어느 날, 올빼미가 창가에 내려앉았다. 죄수 중의 한 사람이 말했다. "당신이 지금은 불행스러운 처지에 있지만 조만간 자유의 몸이 될 것입니다. 높은 자리에서 마음껏 권세를 누릴 것이며 당신이 누린 부가 자녀들에게 이어질 것입니다. 하지만 이 올빼미를 다시 보면 닷새 안에 죽게 될 것입니다."

아그립바 1세가 그 말을 어떻게 받아들였는지 모르지만 6개월 후에 티베리우스가 죽고 정말로 칼리굴라가 황제가 되었다. 마침 몇 해 전에 유대 북부를 다스리던 빌립이 죽었다. 아그립바 1세가 옥에서 나온 것은 물론이고 빌립이 다스리던 영토의 왕이 되었다. 빌립은 분봉왕이었는데 아그립바 1세는 왕의 칭호를 받은 것이다. 전하는 얘기에 따르면, 아그립바 1세가 죄수의 신분으로 지낼 때 매여 있던 쇠사슬과 같은 무게의 금도 선물로 받았다고 한다.

아그립바 1세의 금의환향에 모두가 놀랐다. 특히 빌립을 버리고 안디바와 결혼한 헤로디아가 아그립바 1세를 시기했다. 자기 남편은 분봉왕인데 백수이던 오빠가 왕이 되어서 나타난 것이다. 헤로디아는 로마에 가서 아그립바 1세와 같은 왕 지위를 받아오라고 계속 남편을 채근했다.

안디바가 로마에 갔다는 말을 들은 아그립바 1세가 안디바를 고발하는 편지를 써서 칼리굴라에게 보냈다. 안디바가 파르티아 왕과 공모해서 반역을 꾀하고 있는데, 무기고에 7만의 병사가 입기에 충분한 양의 갑옷이 비축된 것이 그 증거라고 했다. 결국 안디바는 왕 지위를 얻는 것은 고사하고 지금의 리용 지방으로 유배를 가는 신세가 되었다. 그가 다스리던 영토는 고스란히 아그립바 1세에게 돌아갔다.

그런데 안디바의 아내 헤로디아는 아그립바 1세의 누이동생이다. 칼리굴라가 이 사실을 알고는 은전을 베풀었다. 그녀 몫의 재산을 주면서, 남편과 함께 유배지로 갈 필요가 없다고 한 것이다. 그러나 헤로디아는 행복할 때 함께 즐거워하다가 불행할 때 남편을 버리는 것은 의롭지 못한 처사라고 하면서 남편과 함께 유배지로 떠났다. 빌립을 미련 없이 버렸던 헤로디아가 안디바는 진심으로 사랑했던 것일까?

로마는 다신교 사회다. 그리스 신화에 나오는 신들을 전부 자기네 신으로 차용했다. 다른 나라를 정복하면 그 나라 신도

판테온(Pantheon)

같이 섬겼다. 판테온(Pantheon)이라는 건물이 있다. 신을 그리스
어로 theos라고 한다. 판테온은 Pan(모든)+theos(신)+on(건물, 장
소를 나타내는 접미사), 즉 "모든 신에게 바쳐진 신전"이라는 뜻이
다. 우리말로는 만신전(萬神殿)으로 번역한다. 알렉산더 세베루
스 황제 때는 예수님을 모신 자리도 있었다. 나중에 밀라노의
감독 암브로시우스(Sanctus Ambrosius, 340-397)의 투쟁으로 철거
될 때까지 예수님도 그곳의 잡신들 중의 한 신으로 안치되었던
것이다. 전능의 개념이 없으니 신이 많으면 많을수록 좋다고 생
각했다. 황제도 죽으면 신으로 섬겼다. 살아생전 로마를 위해서
애쓴 것처럼 죽어서도 수고해 달라는 뜻이다. 모든 황제에게 해

당되는 것은 아니지만 대부분의 황제가 죽으면 신성을 부여받았다. 베스파시아누스 황제(Titus Flavius Vespasianus, 9-79)는 자기 임종을 지켜보는 측근에게 "내가 이제 신이 되어가는 것 같은가?"라고 묻는 여유를 보이기도 했다.

그런데 칼리굴라는 살아 있을 때 신이 되기를 원했다. 시리아 총독 페트로니우스에게 대군을 이끌고 가서라도 예루살렘 성전에 자신의 상(像)을 세우라고 한 것이다. 유대 사회가 발칵 뒤집혔다. 칼리굴라 상을 세우려거든 자기들을 다 죽이라고 했다. 페트로니우스는 난처해졌다. 칼리굴라의 상을 세우려면 정말로 유대인들을 남김없이 죽여야 할 것 같았다. 고심 끝에 유대인들의 험악한 분위기를 전하며 명령을 재고해 달라는 편지를 보냈다.

그즈음에 아그립바 1세가 로마에 머물고 있었는데 하루는 칼리굴라를 위한 연회를 베풀었다. 기분이 좋아진 칼리굴라가 원하는 것이 있으면 무엇이든지 말하라고 했다. 아그립바 1세는 예루살렘 성전에 칼리굴라의 상을 세우려는 계획을 취소해달라고 간청했다. 단둘이 있는 자리에서 주고받은 말이 아니다. 칼리굴라가 하는 말을 많은 사람이 들었으니 식언을 할 수도 없는 노릇이다. 칼리굴라는 페트로니우스에게 자신의 상을 이미 세웠으면 그대로 두고, 그렇지 않으면 더 이상 문제를 만들지 말고 군대를 물리라는 전갈을 보냈다.

그런데 페트로니우스는 유대인들이 폭동을 일으킬 우려가 있으니 요청을 재고해 달라는 편지를 보낸 상태였다. 그 편지를 받은 칼리굴라가 크게 노했다. 유대인들에게 뇌물을 받고 황제의 명령을 무시한다며, 그 죄로 스스로 목숨을 끊으라는 편지를 보냈다. 요즘처럼 통신이 발달한 시대였으면 페트로니우스는 바로 죽어야 했다. 그런데 로마에서 안디옥까지 가려면 한 달이 걸리던 시대였다. 칼리굴라의 명령이 지중해를 가로질러 부지런히 동쪽으로 가는 사이에 칼리굴라가 죽고 말았다. 페트로니우스에게는 자결하라는 명령보다 칼리굴라가 죽었다는 소식이 먼저 전달되었다.

칼리굴라가 아그립바 1세에게는 참 좋은 황제였을 것이다. 그러면 로마인들에게는 어떤 황제였을까? 칼리굴라는 황제가 된 기쁨을 시민과 함께 나누고 싶다면서 즉위와 함께 7개월 동안 축제를 벌였다. 날마다 검투사 시합이나 전차 경주가 열렸고 연극이 공연되었다. 그런 축제가 왜 7개월 만에 끝났느냐 하면, 칼리굴라가 병으로 쓰러졌기 때문이다. 칼리굴라는 황제가 된 지 4년 만에 암살당하는 것으로 생을 마감했는데, 죽은 다음에 '기록 말살형'에 처해졌다. 원로원 의결로 기록 말살형에 처하면 모든 공식 기록에서 당사자의 이름을 삭제한다. 공식 기록이 동판에 새겨져 있으면 동판을 녹여 버리고, 대리석에 새겨져 있으면 대리석을 깨뜨려 버린다. 해당 황제의 치세 중에 이루어진 조치는 전부 폐기된다. 한때 그런 황제가 존재했다는 사실 자체를 거부하는 것이다. 황제에 대한 사후 탄핵 제도인 셈이다.

로마인은 내세를 믿지 않는다. 철저하게 현세적이다. 현세에서 이룬 업적과 명예를 가장 소중하게 여기는 로마인들에게 기록 말살형은 그들이 고안할 수 있는 최악의 형벌이다. 그런데 문제가 생겼다. 말살할 만한 기록이 아무것도 없었다. 칼리굴라는 4년 내내 놀기만 했다. 아무런 통치 행위도 하지 않았던 것이다. 어쩌면 자기 상을 세우려던 것이 유일한 통치 행위였을 수 있다.

칼리굴라가 죽었을 때 클라우디우스(Claudius, 10-54, 성경에는 글라우디오로 나온다)가 황제가 되도록 원로원에 중재한 사람이 아그립바 1세였다. 그 공로로 아켈라오가 다스리던 유대, 사마리아, 이두매가 그의 영토가 된다. 할아버지 헤롯이 다스리던 땅을 전부 손아귀에 넣은 것이다. 우리는 그를 야고보를 죽이고 베드로를 옥에 가둔 악당으로 기억하지만 유대인들에게는 상당히 인기 있는 지도자였다. 단 하루라도 정해진 희생 제물을 바치지 않고 그냥 넘어가는 날이 없었고, 모든 첫 열매를 자신이 직접 성전으로 가지고 갔다. 하지만 그런 모습은 예루살렘으로 제한되었다. 예루살렘 밖에서는 극장과 경기장을 세웠고 가이사랴와 사마리아에는 자기 딸의 동상도 세웠다. 사람들은 그를 "위대하신 대왕, 로마 황제의 친구, 로마인들이 믿을 만한 사람"이라고 칭했다.

사도행전에 나온 것처럼 그의 통치는 갑자기 종말을 고했다. 그가 가이사랴에서 로마 황제를 기리는 축제에 참석했을 때의 일이다. 마침 순은으로 된 왕복을 입고 있었는데 햇빛이 비치자 찬란한 광채를 내었다. 그것을 본 사람들이 아그립바 1세는 사람이 아니고 신이라고 아첨을 했고, 아그립바 1세는 그것을 즐겼다. 얼마나 뿌듯했을까? 그런데 다음 순간 고개를 들자, 올빼미가 보였다. 불현듯 떠오르는 생각이 있었다. 그리고 극심한 복통을 느꼈다. 그는 닷새 동안 고통에 시달리다 54세의 나이로 죽었다. 주후 44년의 일이다.

헤롯 아그립바 1세에게는 한 명의 아들과 세 명의 딸이 있었다. 사도행전 25장에서 바울을 심문하는 아그립바왕이 아그립바 1세의 아들인 아그립바 2세(Herod Agrippa II)다. 아그립바왕과 동행한 버니게가 큰딸이고 벨릭스의 아내 드루실라가 셋째 딸이다. 둘째 딸은 성경에 나오지 않는다. 버니게는 삼촌 헤롯과 결혼했다가 헤어지고, 길리기아의 폴린왕과 결혼했다가 다시 헤어져서 아그립바 2세와 살았다. 근친상간을 범한 것이다. 나중에 그녀는 로마 장군의 첩이 되었다가 버림받는다.

기우는 유대 땅

아그립바 1세가 죽었을 때 아그립바 2세는 고작 열일곱 살이었다. 이때부터 팔레스타인은 로마가 총독을 파견해서 직접 통치하게 된다. 유대 총독은 파두스, 알렉산더, 쿠마누스, 벨릭스, 베스도, 알비누스, 플로루스로 이어진다.

벨릭스(Felix)는 사도행전을 통해서 우리에게 낯익은 이름이다. 본명이 안토니오스 안토니우스 벨릭스인데, 로마 역사가 타키투스(Publius Cornelius Tacitus, 56-117)에 따르면 로마 역사상 가장 타락한 사람이었다고 한다. 벨릭스에 대한 평가는 뭐든지 최상급이다. 가장 악랄하고, 가장 돈을 밝히고, 가장 저질이고,

〈바울을 심문하는 벨릭스〉, 윌리엄 호거스 作(William Hogarth, 1752).

가장 탐욕스럽고, 가장 비열하고, 가장 무능한 사람이라는 것이다.

벨릭스에게는 팔라스(Pallas)라는 형이 있었다. 당시 로마 황제가 클라우디우스였는데, 두 형제가 다 클라우디우스 황제의 어머니 안토니아의 노예였다. 그런데 무슨 수를 썼는지 두 형제가 노예 신분에서 해방되었다. 그것으로 끝나지 않았다. 황실 사람들과의 안면을 이용해서 점점 권세를 얻었다. 팔라스는 로마에서 가장 큰 부자가 되었고, 벨릭스는 지방 장관이 되어 유대 총독을 맡게 되었다.

벨릭스는 역사상 처음으로 노예 출신으로 지방 장관이 된 사람이다. 유대 지방의 최고 행정관이자 최고 치안관이며 최고 재판관이다. 그런 지위를 돈을 모으는 데 동원했다. 오죽하면 바울을 재판하면서도 돈을 받아낼 궁리를 했을까?

벨릭스에게는 아내가 셋이 있었다. 첫 번째 아내에 대해서는 알려진 것이 없지만 두 번째 아내가 안토니우스와 클레오파트라의 손녀다. 그 결혼을 통해서 벨릭스의 사회적인 신분이 크게 상승했을 것이다. 세 번째 아내는 아그립바 1세의 딸인 드루실라다. 벨릭스는 로마에서는 정치적인 성공을 위해서 안토니우스와 클레오파트라의 손녀와 결혼하고, 유대 지방에서는 민심을 얻기 위해서 아그립바 1세의 딸과 결혼한 것이다.

드루실라는 상당히 미모가 뛰어났는데, 시리아에 있는 조그만 나라인 에메사Emesa)의 왕 아지주스(Azizus)와 결혼했었다. 아그립바 2세는 아지주스가 할례를 받는 조건으로 그 결혼을 허락했다. 나중에 벨릭스는 드루실라와 결혼하려고 유대인 술사를 동원해서 드루실라를 설득했다. 결국 드루실라는 남편을 버리고 벨릭스와 결혼했다. 그때 벨릭스는 60세였고 드루실라는 16세였다. 벨릭스는 드루실라와 결혼함으로써 유대인들 사이에서 자기 입지가 강화될 것에 마음이 있었고, 드루실라는 조그만 나라에서는 채우지 못하던 자기의 허영심을 채우는 것에 마음이 있었다.

벨릭스를 이어 총독이 된 베스도((Festus)는 무난했다. 하지만 그 뒤를 이은 알비누스(Albinus)는 또 문제가 많았다. 그는 인간이 저지를 수 있는 악행은 다 자행했다고 전해진다. 악행에는 으레 돈이 따르기 마련이다. 재판도 당연히 돈이 기준이었다. '유전무죄 무전유죄'가 그의 재판 원칙이었다.

이런 시기를 보내면서 열심당의 세력이 꾸준히 확장되었다. 구원의 시대는 무서운 시련을 전제로 하므로 탄압을 받을수록 더욱 거세게 저항했다. 로마에 맞서는 일은 저절로 율법에 충성하는 일이 되었고 하나님의 도우심을 보장받는 일이 되었다.

급기야 플로루스(Florus)가 총독으로 있던 주후 66년에 유대와 로마 사이에 전쟁이 일어난다. 플로루스는 지금까지의 모든 총독 중에 알비누스를 능가하는 최악의 인물이었다. 아무리 악한 사람이라도 은밀하게 악을 행하는 법인데, 플로루스는 대놓고 악을 행했다. 오죽하면 유대인들이 알비누스를 은인으로 여겼을 정도였다.

전쟁의 발단은 의외로 단순했다. 플로루스가 로마에 보낼 세금이 모자라자 예루살렘 성전 금고에서 17달란트의 금화를 몰수한 것이 도화선이 되었다. 빌라도 때도 예루살렘에 수로 공사를 하면서 예루살렘 성전 금고에서 경비를 충당하려다가 유대인들의 반발을 산 적이 있었는데, 그런 일이 또 일어난 것이다. 그러면 로마에 보낼 세금이 모자라지 않았으면 전쟁이 일어나지 않았을까?

흔히 사라예보 사건으로 1차 세계대전이 촉발되었다고 말한다. 1914년 6월 28일, 오스트리아-헝가리 제국의 황위 계승자 프란츠 페르디난트(Franz Ferdinand) 황태자 부부가 사라예보에서 암살당하자 오스트리아-헝가리 제국이 보복에 나섰고, 다른 국가들도 참전해서 전쟁이 확대된 것이다. 그러면 사라예보 사건이 없었으면 1차 세계대전이 일어나지 않았을까? 당시 유럽은 산업혁명의 여파로 생산 과잉 상태였다. 소비 시장인 식민지가 필요했다. 사라예보 사건이 아니었으면 다른 구실로 1차 세계대전이 일어났을 것이다.

유대와 로마의 전쟁도 그렇다. 세금 17달란트가 모자란 것이 직접적인 발단이라고 하지만, 그 일이 없었어도 전쟁이 일어났을 것이다. 무엇보다 로마에 대한 열심당의 반발이 포화 상태였다. 플로루스가 성전 금고에서 17달란트를 강탈하자 유대인들이 플로루스를 위해서 구호금을 모금했다. 플로루스를 능멸한 것이다. 로마 황제를 위한 제사도 폐지했다. 지금까지는 로마의 패권을 인정한다는 뜻으로 성전에서 로마 황제를 위한 제사를 드렸는데, 그 제사를 폐지함으로써 더 이상 로마의 속국이 아니라는 사실을 천명한 것이다. 소식을 들은 아그립바 2세가 서둘러 현장으로 달려갔지만 중재에 실패했고, 결국 전쟁이 시작된다.

당시 시리아 총독이 케스티우스 칼루스(Cestius Gallus)였다. 그가 군사를 이끌고 진압에 나섰지만, 기병 380기와 보병 5,300명의 희생자를 내고 패퇴하고 말았다. 열심당들은 이것을 하나님께서 자기들의 의로움을 인정하는 표징으로 받아들였다. 안디옥으로 돌아간 칼루스는 시름시름 앓다가 죽었고, 당황한 네로는 베스파시아누스를 진압군 사령관으로 임명했다.

갈릴리를 지키는 사령관이 요세푸스였다. 요세푸스는 어렸을 때부터 무척 총명했다고 한다. 열여섯 살에 바리새파, 사두개파, 엣세네파가 요구하는 훈련 과정을 모두 마치고 열아홉 살에 바리새파의 율법을 따르는 삶을 시작했다. 스물아홉 살에 갈릴리 수비대장을 맡았는데, 6만 군사를 이끄는 베스파시아누스의 상대는 아니었다. 47일을 버틴 끝에 결국 패배하고 말았다. 유대인 사망자가 무려 4만 명이었다. 이때 요세푸스는 동굴에 숨은 일행과 함께 전부 자결하기로 하고 제비를 뽑았다. 마흔 명이 차례로 죽다가 두 명이 남았는데, 요세푸스가 그 한 명을 설득해서 항복했다. 베스파시아누스 앞으로 인도된 그가 엉뚱한 말을 했다. 베스파시아누스가 장차 로마의 황제가 된다는 것이다. 베스파시아누스가 어떤 마음이었을까?

얼마 후, 네로가 죽었다. 로마에 반란이 일어나고 네로가 자결한 것이다. 주후 68년의 일이다. 황제가 공석이 되자 스스로 황제를 자처하는 자들이 생겨났다. 갈바(Galba)가 7개월, 오토(Otho)가 3개월, 비텔리우스(Vitellius)가 8개월 동안 황제 노릇을 하다 물러났고, 베스파시아누스가 황제로 추대되었다. 요세푸스가 예언한 대로 이루어진 것이다. 베스파시아누스는 로마로 돌아가고 그의 아들 티투스(Titus I. 39-81)가 대신 진압군 사령관을 맡았다.

당시 예루살렘 상황은 어땠을까? 유대가 로마의 군사력을 감당할 수는 없다. 누가 봐도 안 되는 싸움이다. 그러면 유대인들은 자기들끼리라도 똘똘 뭉쳐서 죽기를 각오하고 항전했을 것 같은데 그렇지 않았다. 열심당이 항전을 주도했지만 예루살렘에는 온건파도 있었다. 열심당은 로마에 맞서 싸우기에 앞서 그들을 탄압했다. 로마에 맞서 싸우는 것이 하나님 보시기에 의로운 일이라면 그 싸움에 게으른 것은 하나님의 뜻을 거스르는 일

이라는 논리가 성립하기 때문이다. 게다가 열심당 내에서도 파벌이 있었다. 때로는 둘로 갈라지고 때로는 셋으로 갈라지기도 하면서 자기들끼리 주도권 다툼을 했다. 그들은 전쟁을 통해 자기들이 피를 흘릴수록 하나님께서 메시아를 빨리 보내주시지 않겠느냐는 생각으로 그 무모한 싸움을 했다. 양식이 떨어져서 굶어 죽는 사람이 수두룩했고, 시체 썩는 냄새로 숨을 쉴 수가 없었다.

예루살렘에 마리아라는 여인이 있었다. 무척 부유한 여인이었는데 예루살렘이 포위되어 굶주리게 되자 자기 아들을 죽여서 절반은 먹고, 절반은 숨겨 두었다. 몇몇 비류가 냄새를 맡고

들이닥쳤다. 먹을 것을 내놓으라고 협박하자 마리아가 내놓았는데, 받고 보니 어린아이였다. 질겁하는 그들에게 마리아가 말했다. "내 아들이오. 내가 직접 요리한 것이오. 양심이 있으면 다 먹지 말고 절반만 남겨 주었으면 좋겠소." 그 말에 비류들이 혼비백산해서 도망가고 말았다. 너무 끔찍해서 차마 믿기지 않지만 우리나라 선조실록에도 비슷한 기록이 있다. 임진왜란의 참상이 얼마나 지독했던지 길거리에 온전한 시신이 없었다고 한다.

이때 티투스는 예루살렘을 고사시키는 작전을 구상했다. 예루살렘을 포위해서 성을 고립시킨 다음에 식량과 식수의 공급을 차단했다. 그런데 이런 작전이 일선 병사들에게 제대로 전달이 되지 않았는지 병사들이 예루살렘성에 난입하는 바람에 싸움이 의외로 빨리 끝나게 되었다. 주후 70년에 예루살렘이 함락된 것이다. "이렇게 높은 벽을 가진 도성을 정복했다"라는 뜻으로 한쪽 벽을 남겼는데 그것이 '통곡의 벽'(Wailing Wall)이다.

예루살렘이 함락될 당시는 마침 유월절이어서 100만 명 가까운 유대인이 모여 있었다. 그중에 11만 명이 죽고 9만 7천 명이 포로로 끌려갔는데, 이런 엄청난 재앙도 차라리 다행이라고 해야 한다. 티투스의 의도대로 예루살렘을 고사시키는 작전이 수행되었더라면 피해가 훨씬 더 극심했을 것이다. 성경은 그런 내용을 놓고 "그날들을 감하지 아니할 것이면 모든 육체가 구원을 얻지 못할 것이나 그러나 택하신 자들을 위하여 그날들을 감하시리라"라고 말한다.

맛사다(Masada)라는 곳이 있다. 예루살렘이 함락되고 이스라엘이 패망한 다음에도 끝까지 항전한 곳이다. 히브리어로 '요새'라는 뜻인데 말 그대로 천혜의 요새다. 사해 서쪽 약 4km 지점에 자리 잡고 있다. 높이가 434m인데 정상은 평지를 이루고 있다. 길이가 620m이고 폭은 가장 넓은 곳이 250m, 평균이 120m이다. 통곡의 벽과 함께 대표적인 민족 성지로 꼽힌다.

예루살렘이 함락된 다음, 967명의 인원이 소수의 로마 병력이 주둔하고 있던 맛사다를 점령하고는 그곳에서 끝까지 항전했다. 967명이 전부 장정이었던 것도 아니다. 여자와 아이를 포함해서 967명이다. 거기에 가 보면 절벽 가장자리에 집을 지은 것을 볼 수 있다. 집의 벽이 일종의 성벽 구실을 한 것이다. 그리고 창으로는 활을 쏘며 로마군의 공격을 막았다. 집안이 곧 전쟁터였던 것이다. 고작 1,000명도 안 되는 유대인이 세계 최강인 로마를 상대로 3년 동안 항전했다.

그러던 중에 로마가 비책을 생각해 냈다. 흙으로 담을 쌓아서 맛사다에 이르는 경사로를 만들었는데, 그 작업에 유대인을 동원한 것이다. 맛사다에서는 속수무책일 수밖에 없었다. 동족들을 향하여 화살을 날릴 수는 없는 일 아닌가? 내일이면 경사로가 완성되고 로마군이 물밀듯 들이닥칠 것이다. 맛사다의 지도자 엘리에셀 벤 야이르(Eliezer ben Yair)가 말했다.

"내일 아침 로마군에 잡혀서 수모를 당하느니 차라리 오늘 밤
에 우리 스스로 영광스러운 죽음을 선택합시다! 로마군에게 털
끝만큼의 기쁨도 남겨 놓지 맙시다. 오히려 우리의 굳은 결의
에 경탄을 금하지 못하게 합시다!"

그 말에 동의한 각 가족의 가장이 아내와 아이들을 칼로 찔
러 죽였다. 그다음에 남자들이 한자리에 모여서 열 명을 추첨
하고는, 그 열 명이 나머지 남자들을 다 죽였다. 그 열 명이 다
시 한 명을 추첨해서 그 한 명이 나머지 아홉 명을 죽였다. 그리
고 자기도 자결했다. 967명 중의 960명이 죽고 생존자는 숨어
있던 여자 두 명과 어린아이 다섯 명뿐이었다. 주후 73년 5월의
일이다.

로마군이 난입했을 때는 식량 창고를 제외한 모든 건물이 불
에 탔고, 자살한 시체가 즐비했다. 건물을 다 불태우면서도 식
량 창고를 남긴 것은 자기들은 노예가 되기 싫어서 죽는 것이
지, 식량이 없거나 다른 이유로 죽는 것이 아니라는 사실을 보
여주기 위한 것이었다고 한다.

전쟁의 파장은 실로 엄청났다. 열심당이 소멸되었고, 성전이
무너졌으니 사두개파도 존재 근거가 없어졌다. 산헤드린 공회

가 해체되었고 엣세네파도 명맥이 끊어졌다. 바리새파만 남아서 유대교의 명맥을 잇는다.

그런 전쟁에 초대 교회 교인들은 어떤 입장을 취했을까?

너희가 예루살렘이 군대들에게 에워싸이는 것을 보거든 그 멸망이 가까운 줄을 알라 그때에 유대에 있는 자들은 산으로 도망갈 것이며 성내에 있는 자들은 나갈 것이며 촌에 있는 자들은 그리로 들어가지 말지어다(눅 21:20-21).

예수님이 예루살렘이 포위되는 것을 보면 산으로 도망가라고 했다. 비단 그 말씀이 아니어도 그렇다. 싸움을 주동한 것은 열심당이었다. 그들은 자기들이 싸우다 죽으면 메시아가 온다고 믿었다. 예수님을 메시아로 고백하는 기독교인이 그런 싸움을 왜 하겠는가? 기독교인들은 요단강 동쪽에 있는 펠라로 피했다. 이런 기독교인의 행태가 유대인들에게 곱게 보였을 리없다.

요하난 벤 자카이(Johanan ben Zakkai)라는 사람이 있었다. 그는 예루살렘이 로마군에 포위된 상태에서 유대교의 앞날을 걱정했다. 예루살렘의 멸망은 뻔한 일이니 성전 없이 유대교가 존속되려면 율법에 치중해야 했다. 그런데 당장 예루살렘을 빠져나갈 방법이 없었다. 유일한 방법은 죽어서 시신이 되는 것이었다.

시신을 버릴 때는 성 밖 출입이 허용되었다. 그래서 시신으로 위장한다. 관에 들어가서 성 밖으로 옮겨진 후 로마군에 투항한 것이다. 그리고 베스파시아누스를 만나 예루살렘 서편 지중해 연안의 얌니아에 율법 학교를 세우기로 허락을 받는다. 이렇게 해서 유대교의 중심이 예루살렘에서 얌니아로 옮겨지게 된다.

예수님이 성전에서 상인들을 내쫓은 적이 있다. 흔히 성전 청결이나 성전 정화를 얘기한다. 당시 성전이 부패했던 것은 맞다. 그러면 예수님은 무엇 때문에 세상에 오신 분일까? 상거래 질서 확립을 위해서 오신 분일까? 그런 문제라면 '소비자보호원'이나 '공정거래위원회'로 충분하지, 메시아가 직접 나설 이유가 없다.

성전은 짐승을 대속물 삼아서 제사를 드리는 곳이다. 그런데 예수님이 친히 대속물이 되신다. 성전이 더 이상 필요 없게 된다. 결국 예수님은 "왜 선량한 사람들의 주머니를 쥐어짜느냐? 장사 똑바로 해라!"라고 하신 것이 아니다. "이제 제사 제도는 끝났다. 성전은 더 이상 필요가 없다"라는 사실을 말씀하신 것이다.

만일 예수님이 성전을 청결하게 하셨다면 청결하게 된 성전에서 계속 제사가 드려져야 한다. 상인들은 정상적인 가격으로 제물을 팔고 제사장들도 정상적으로 직무를 수행해야 한다. 그런데 예수님이 십자가에 달리심으로 성전은 존재 이유가 없어졌다. 지성소 휘장이 찢어진 사건이 그것을 단적으로 보여준다. 이제는 누구든지 하나님 앞에 나아갈 수 있게 되었다. 더 이상 제사장이 드리는 제물에 의지하지 않아도 된다.

요한복음에서는 예수님이 성전에서 장사하는 사람들을 내쫓았을 때 유대인들이 표적을 요구한다. 그때 예수님이 성전을 헐면 사흘 동안에 일으키겠다고 답했다. 사흘 만에 부활할 것을 말씀하신 것이다. "부활의 능력이 있으므로 성전의 상거래질서를 바로잡을 수 있다"라고 하면 말이 안 된다. "예수님의 십자가 사역으로 성전은 더 이상 의미가 없게 된다"라는 뜻이다. 예수님이 진정한 성전이기 때문이다. 루터가 종교를 개혁한 것은 기독교를 부인한 것이 아니라 곪은 부분을 도려내자는 것이었지만, 예수님이 성전에서 매매하는 자들을 내쫓으신 것은 성전을 정화하기 위한 것이 아니라 성전 철폐를 선언하신 것이다. 성전이 더 이상 소용이 없게 된다.

아닌 게 아니라 성전이 무너졌다. 하지만 유대인들이 이런 것을 알 리가 없다. 성전 없이 유대교를 유지하는 방안이 시급했고 요하난 벤 자카이가 처방을 마련했다. 요하난 벤 자카이에 이어 가말리엘 2세(Gamaliel II)가 유대교 수장이 되었다. 그의 할아버지가 사도 바울의 스승인 가말리엘이다. 그는 기독교에 상당히 적대적이었다. 주후 90년의 얌니아 회의(Council of Jamnia)에서 예수를 믿는 유대인은 아브라함의 자손이 아니라고 선언했다. 회당 출입도 못하게 했다. 기도문에는 "나사렛 사람들과 이교도들을 순식간에 파괴하소서. 생명책에서 그들의 이름을 지우시고 의로운 자들과 함께 기록되지 않게 하소서"라는 문구를 집어넣었다. 유대교에서 출발한 기독교가 유대교와 전혀 다른 종교임이 선언된 것이다.

유대인의 항쟁은 그 후에도 이어졌다. 주후 114년, 트라야누스 황제(aesar Nerva Traianus, 53-117) 때 로마와 파르티아의 전쟁이 있었다. 유대인들이 이 전쟁의 추이를 관심 있게 지켜보았다. 파르티아는 만만한 나라가 아니다. 1차 삼두정치의 한 축이었던 크라수스가 파르티아와의 싸움에서 완패하고 죽었다. 그런 파르티아를 통해서 로마 멸망이 시작되기를 기대한 것이다. 그런 기대가 로마가 패했다는 헛소문을 낳게 했고, 유대인들의 대규모 폭동으로 비화했다. 그리고 결과는 처참했다. 무참하게 진압되는 수밖에 없었다.

그런 일이 있은 지 20년이 채 지나지 않아서 유대인들은 지금까지의 모든 투쟁 중에 가장 무서운 투쟁을 벌인다. 하드리아누스 황제(Publius Aelius Trajanus Hadrianus, 76-138)가 예루살렘 성전 재건을 약속한 것이 발단이 되었다. 하드리아누스가 말한 신이 여호와 하나님이 아니고 주피터였던 것이다. 당시 아키바라는 사람이 있었는데 탈무드를 집대성한 학자로 3만 명의 제자가 따르고 있었다.

한 별이 야곱에게서 나오며 한 규가 이스라엘에게서 일어나서 모압을 이쪽에서 저쪽까지 쳐서 무찌르고 또 셋의 자식들을 다 멸하리로다 그의 원수 에돔은 그들의 유산이 되며 그의 원수 세일도 그들의 유산이 되고 그와 동시에 이스라엘은 용감히 행동하리로다(민 24:17b-18).

유대인들에게 존경받던 랍비 아키바(Akiva ben Yosef)가 시몬을 '별의 아들(바 코흐바)'로 내세우자 무려 40만 명의 유대인이 봉기했다. 예루살렘을 비롯해서 국토의 70%까지 탈환했고, 성전에서 제사 의식이 거행되었으며, '이스라엘 왕 시몬'이라는 이름과 별이 새겨진 주화까지 주조해서 통용했지만 결국 3년 만에 진압되었다. 이 전쟁으로 희생된 유대인은 85만 명이 넘었고, 남은 유대인은 예루살렘에 들어가는 것이 금지되었다. 종교 의식을 집행하거나 어린아이에게 할례를 베푸는 일, 율법책을 소유하는 일, 절기를 지키는 일이 다 금지되었다. 이때부터 주후 1948년 이스라엘이 건국될 때까지 팔레스타인에서는 유대교를 찾아볼 수 없게 되었다. 주후 135년의 일이다.

• 예수님이 태어나신 곳이 베들레헴이다. 하지만 나사렛이라고 해도 달라지는 것은 없다. 예수님이 베들레헴에 오셨는지, 나사렛에 오셨는지는 중요하지 않다. 우리 안에 오셔야 한다.

마찬가지다. 예수님이 오신 것이 B.C. 4년인지, A.D. 1년인지는 중요하지 않다. 정작 중요한 문제는 이 세상에 시작된 복음이 과연 우리한테서도 시작되었느냐 하는 것이다. 세상 역사의 B.C.와 A.D.는 헷갈릴지라도 자기 인생의 B.C.와 A.D.는 명확해야 한다. 거듭난 사람은 거듭나지 않은 사람과 모든 면에서 달라야 한다. 혹시 우리한테 달라져야 할 부분이 있다면 어떤 것일까?

• 사람은 무단횡단을 하면서도 중간에 휴지를 주울 수 있을 만큼 복잡한 존재라고 한다. 항상 선을 행하거나 항상 악을 행하는 것이 아니라, 선한 사람도 악을 행하고 악한 사람도 선을 행한다.

헤롯은 기근 때 왕궁에 있는 금붙이, 은붙이를 처분해서 식량을 사들였다. 자기 집의 금 접시도 녹였다. 상당한 애민 군주의 모습이다. 그런데 자기가 죽는 날, 백성들이 슬퍼하지 않을 것을 염려해서 명망 있는 사람들을 죽이라는 명령을 내리기도 했다.

결국, 헤롯의 궁극적인 관심은 평판이었다는 뜻이다. 헤롯에게는 사람들의 이목이 중요했다. 남들에게 인정받는 것에 마음이 있었고 자기의 죽음을 슬퍼하지 않으면 슬픈 일을 만들어서라도 슬픈 분위기를 만들려고 했다. 우리의 궁극적인 관심은 어디에 있을까?

• 아우구스투스가 로마를 다스리던 시대에 가짜 알렉산더 사건이 있었다. 그에게 정치 자금을 건넨 사람들은 별도의 처벌을 받지 않았지만, 전부 가슴을 쓸어내렸을 것이다. 엉뚱한 곳에 돈을 썼다는 사실 자체가 그들이 받은 벌이었다.

탕자가 탕자인 이유는 시간을 낭비했기 때문이다. 아버지의 아들로 살아야 할 귀한 시간을 허탄한 일로 낭비했다. 그 벌을 따로 받아야 할까? 그것을 따지는 것은 중요하지 않다. 탕자가 잘못한 것을 안다면, 우리는 인생 전부를 기울여서 정상적으로 진도를 나갈 수 있어야 한다. 엉뚱한 일에 시간이나 관심을 낭비할 이유가 없다. 우리가 가장 주의해야 할 내용이 어떤 것일까?

주요 등장인물

안토니우스
로마 2차 삼두정치의 한 축으로, 카이사르의 부장이었다. 카이사르가 죽은 직후에는 옥타비아누스와 연합해서 브루투스 세력과 대결했지만 나중에는 옥타비아누스와의 패권 다툼에서 결국 밀리고 만다.

안티고노스
아리스토불루스 2세의 아들로, 로마에서 볼모로 지내다가 탈출했다. 파르티아의 지원으로 유대를 공격해서 잠깐 권좌에 앉았지만 이내 로마의 후원을 업은 헤롯에게 패퇴하고 만다.

마리암네 1세
요한 힐카누스의 손녀로, 헤롯의 왕비가 된다. 후에 헤롯에게 죽임을 당한다.

아리스토불루스 3세
마리암네 1세의 동생. 헤롯에 의해 대제사장이 되지만, 1년도 안 되어 헤롯에게 죽임을 당한다.

옥타비아누스
카이사르의 후계자. 안토니우스, 레피두스와 더불어 로마의 2차 삼두정치의 한 축이었다. 나중에 안토니우스와 클레오파트라의 연합 함대를 악티움 해전에서 제압하여 로마의 패권을 장악하고 아우구스투스가 된다.

알렉산더, 아리스토불루스
헤롯과 마리암네 1세 사이에 태어난 아들들. 왕권을 탐한다는 죄명으로 둘 다 처형된다.

안티파테르
헤롯과 도리스 사이에 태어난 아들. 알렉산더와 아리스토불루스가 처형 당하자 엉뚱한 야심을 품고 아버지 헤롯을 독살하려다 발각되어 죽음을 자초한다.

칼리굴라
로마의 세 번째 황제. 본명이 가이우스인데 칼리굴라라는 별명이 더 유명하다. 헤롯 아그립바 1세와 친분이 있었다. 살아생전에 신으로 추앙받을 심산으로 예루살렘 성전에 자기 상을 세우려고 했다.

헤롯 아그립바 1세
로마에서 한량으로 지내던 중에 칼리굴라와의 친분으로 왕이 된다. 마침 빌립이 죽자 빌립이 다스리던 영토를 받았고, 안디바가 추방된 다음에는 그의 영토도 받았다. 나중에 칼리굴라가 죽고 클라우디우스가 황제가 되는데, 그 일을 중재한 공로로 아켈라오가 다스리던 영토도 손에 넣는다.

09
400년, 그다음 이야기

히틀러(Adolf Hitler, 1889-1945)가 유대인을 학살했다. 독일 민족의 우월성을 내세운 것이 이유이기는 했지만 그런 정책이 설득력을 얻을 만큼 유대인에게 미운털이 박혔던 것도 사실이다. 셰익스피어(William Shakespeare)의 《베니스의 상인》(The Merchant of Venice)에 나오는 수전노 샤일록이 유대인이다. 그것이 당시 유대인의 이미지였다.

주후 135년, 바 코흐바 항쟁(Bar Kokhba revolt)을 끝으로 유대인들은 국제 미아가 되었다. 중세 시대에는 모든 유럽이 기독교 국가였는데 유대인은 예수님을 죽인 민족이라는 이유로 미움을 받았다. 유대인들 스스로 다른 나라와 동화되기를 거부하기도 했다. 안식일 문제가 대표적이다. 로마 시대에는 일정 기간 군복무를 거치면 로마 시민권이 주어졌다. 가장 일반적인 신분 상승 기회인 셈이다. 그런데 유대인들은 그것을 거들떠보지도 않았다. 군인은 안식일을 지킬 수 없기 때문이다.

많은 나라에서 유대인의 토지 소유를 허락하지 않았다. 토지를 소유하면 농사를 지을 것이고, 농사를 지으면 거기 눌러살 것이기 때문이다. 조합에서도 받아주지 않았다. 상공업에 종사하지 말라는 뜻이다. 농사도 짓지 못 하게 하고 직업도 갖지 못하게 하면 어떻게 먹고살란 말인가? 할 수 있는 일이 고리대금업뿐이었다. 성경은 이자를 받고 돈을 빌려주지 말라고 한다. 그래서 이자 없이 돈을 빌려주는 것이 아니라 아무도 돈을 안 빌려준다. 돈을 빌리려면 유대인에게 갈 수밖에 없다. 사람들은 빌려 쓰면서 욕한다. "저 샤일록 같은 놈!"

모진 핍박과 박해 속에 다른 직업을 가질 수 없었던 유대인들은 생각이 달랐다. 농사를 지을 수도, 장사를 할 수도, 공장에서 일을 할 수도 없으니 믿을 것은 돈뿐이었다. 악착같이 돈을 모았고, 그것이 재테크의 원조가 되었다. 돈을 상품으로 보는 자본주의 사상을 최초로 가진 민족인 셈이다. 영국 청교도 혁명 때 자금을 지원한 것도 유대인이었고, 이를 계기로 대거 영국에 진출해서 영국 금융 시장을 장악했다. 로스차일드 가문(Rothschild family)이 대표적이다. 미국이나 유럽의 주식회사, 은행, 증권거래소 상당 부분을 유대인이 쥐고 있는 데에는 이런 배경이 있다.

영어에는 직업에서 유래한 성이 많다. 예를들어 Tayler(양복장이), Carpenter(목수), Smith(대장장이), Miller(방앗간), Baker(제빵업자) 등이 그렇다. 봉건 시대에는 성을 단위로 자급자족 경제를 이루며 살았다. 성에는 Tayler, Carpenter, Smith, Miller, Baker가 다 있었다. "Tayler의 큰아들과 Carpenter의 셋째 딸이 서로를 보는 눈치가 수상하더라"라는 말이 가능했다. 하지만 유대인들은 직업을 가질 수 없었으니 해당 사항이 없다. 직업 대신계곡, 산, 바위, 돌, 들판 등의 지형으로 성을 삼았다. 성 끝에 thal(계곡), berg(산), stein(바위, 돌), field(들판)가 있으면 유대인으로 보면 된다. 린드버그나 스필버그, 아인슈타인, 카퍼필드가 그런 예이다.

기독교와 이슬람의 대립이 격렬해지면서 유럽 각국이 유대인을 추방하기 시작했다. 1290년에 영국, 1394년에 프랑스, 1492년에 스페인, 1495년에 리투아니아, 1497년에 포르투갈이 유대인을 추방했다. 유대인들의 금융업이 가장 먼저 자리 잡은 곳이 네덜란드의 수도 암스테르담이다. 모든 나라가 유대인을 추방할 때 가장 너그러웠던 나라가 네덜란드였기 때문이다.

1894년에 반유대주의의 상징이라고 할 수 있는 드레퓌스 사건(Dreyfus Affair)이 벌어진다. 프랑스의 알프레드 드레퓌스(Alfred Dreyfus) 대위가 간첩 혐의로 체포된 것이다. 증거는 없었지만 유대인이라는 이유로 간첩죄를 뒤집어쓰고 종신형을 선고받았다.

변호사가 증거를 요구하자, "중대한 군사 기밀이기 때문에 공개할 경우 독일과 전쟁을 불사해야 한다"라는 말로 넘어갔다. 나중에 진범이 드러났다. 하지만 프랑스 군부는 사건을 덮기에 급급했다. 유대인 한 명을 위해서 군부의 잘못을 인정하기 싫었던 것이다.

알프레드 드레퓌스

그런 군부의 태도에 에밀 졸라(Émile Zola, 1840~1902)가 일간지에 〈나는 고발한다〉라는 논설을 싣기도 했다.

프랑스가 국제적 비난의 표적이 되었다. 드레퓌스가 범죄자가 아니면 그를 범인으로 만든 참모본부와 국방성, 군사법원이 범죄자가 될 판이었다. 에밀 졸라는 군법회의를 중상모략했다는 죄로 징역 1년을 선고받았다. 반유대주의 물결에 위협을 느낀 에밀 졸라는 영국으로 망명했다. 드레퓌스 사건의 재심을 요구한 교수들은 대학에서 쫓겨났고, 드레퓌스를 두둔한 정치가는 선거에서 낙선했다.

그런 소용돌이 속에서 재심이 이뤄졌고, 정상참작이라는 이유로 금고 10년의 유죄 판결이 내려졌다. 에밀 졸라가 다시 펜을 들었다. "이것이 정상 참작이란 말인가? 이것은 피고에 대한 정상참작이 아니라 심판관들에 대한 정상 참작이다." 범죄자는 드레퓌스가 아니라 프랑스라는 사설이 세계 언론을 장식했다. 에밀 루베(Émile Loubet) 프랑스 대통령이 드레퓌스를 특별사면 조치했다. 나중에 드레퓌스는 재심을 청구해서 결국 무죄 판결을 받았다. 공개할 경우 독일과 전쟁을 불사해야 한다는 군사 기밀 따위는 어디에도 없었다.

이런 사건을 거치면서 유대인의 나라를 건설하자는 움직임이 일기 시작했다. 단지 유대인이라는 이유로 불이익을 받아야 한다면 현지인과 동화되어 사는 것이 아무 의미가 없기 때문이다. 유대인이 인간답게 살 수 있는 길은 유대인의 국가를 건설하는 것뿐이라는 주장이 힘을 얻기 시작했다. 1897년 스위스 바젤에서 첫 시오니스트 대회를 소집하는 것으로 시오니즘(Zionism) 운동이 공식 출범하고, 대대적인 모금 운동과 함께 유대인들의 팔레스타인 이주가 시작된다.

팔레스타인은 무슬림 지역인데 유대교가 들어가면 분쟁이 생길 것이 뻔하다. 영국이 이런 사태를 우려해서 우간다에 유대인 국가를 건설해 주겠다고 제안했지만 유대인들은 거들떠보지도 않았다. 유대인의 국가는 하나님이 주신 땅에 세워져야 하기 때문이다.

그러던 중에 1차 세계대전이 일어나고 영국이 군수품인 아세톤 부족으로 고전한다. 지금까지 독일에서 아세톤을 수입했는데 독일과 전쟁 중이니 어떻게 할까? 마침 러시아 태생의 유대인 화학자 하임 바이츠만(Chaim Azriel Weizmann, 1874-1952)

이 아세톤 합성에 성공해서 영국 정부로부터 유대 국가 건설 지원을 약속받는다. 이른바 밸푸어 선언(Balfour Declaration, 1917)인데, 전쟁 비용 마련에 다급한 영국 정부가 유대인 거부의 지원을 유도하려는 의도가 다분했다. 1922년에는 밸푸어 선언이 국제 연맹의 승인을 받는다. 팔레스타인에 유대인 국가를 건설하기 위한 국제적, 외교적 기틀이 마련된 것이다.

유대인들은 서로 팔레스타인 이민을 희망했지만 아랍 세계의 극렬한 반대로 원활하게 이루어지지는 않았다. 1930-1931년 사이에 이주한 사람은 15만 명에 그쳤다. 1933년에 나치가 집권해서 유대인을 박해하자, 유대인은 피난처가 절실했지만 팔레스타인 이주는 오히려 어렵게 된다. 중동의 석유 가치가 높아지자 영국이 아랍 국가의 눈치를 본 것이다. 급기야 체임벌린 총리가 영국 유대인의 팔레스타인 이민을 금지했다. 많은 유대인이 자기들 나라를 건설한다는 꿈을 안고 팔레스타인으로 가다가 되돌아가야 했고, 혹은 죽기도 했다.

이런 상황에서 히틀러가 유대인 박해를 시작한다. 1달러 환율이 4억 2천만 마르크에 이르자, 분노한 국민에게 던져준 희생양이 유대인이었다. 모든 유대인의 국적을 박탈하고 공공시설 사용을 금지한다. 학교에서 축출하고 운전면허를 정지하고 자동차 소유를 금지한다. 2차 세계대전이 발발하자, 본격적인 유대인 말살 정책으로 600만 명의 유대인이 가스실에서 생을 마감한다.

세계 각국에서 숨을 죽인 채 살아가는 유대인들의 심정이 어땠을까? 그런데 한 줄기 서광이 비친다. 영국의 처칠 총리가 강력한 시오니즘 지지자였다. 그는 전쟁이 끝나면 300만−400만이 살 수 있는 유대인 국가를 건설할 것을 약속했다. 그 소식을 듣는 유대인마다 밸푸어 선언을 떠올리며 희망에 부풀었을 것이다.

전쟁이 끝났다. 그런데 처칠(Winston Churchill)이 선거에서 패하고 만다. 애틀리(Clement Attlee) 총리가 이끄는 노동당 내각이 출범하면서 시오니즘에 대한 영국 정부 입장이 돌변한다. 아랍 여러 나라가 독립국이 되었으니 국가 수도 많아졌고, 석유도 필요했다. 외무장관 베빈(Ernerst Bevin)은 아랍을 지지하며 유대인 국가 건설을 반대했다. 아랍 국가들이 그를 열렬히 지지하자 이에 고무되어 유대인들에게 팔레스타인 이민 중단을 요구했다. 밸푸어 선언은 알 바 아니었다. 국익이 중요할 뿐이다.

변수가 생긴다. 1945년에 루스벨트(Franklin Delano Roosevelt)가 죽고 트루먼(Harry S. Truman)이 미국의 대통령이 된다. 루스벨트는 시오니즘에 무관심했지만 트루먼은 그렇지 않았다. 그는 다분히 친유대주의자였다. 2차 세계대전을 승리로 이끌어서 세계 최강대국으로 떠오른 미국의 대통령이 갖는 영향력은 영국의 외무장관과 비교할 바가 아니었다. 그가 1945년 7월 포츠담 회

담(Potsdam Conference)에서 유대인 피난민에 대한 긴급 구호를 역설했다. 영국 대신 미국이 유대인 문제를 떠안은 것이다.

유대인들은 크게 고무되었다. 미국이 나서 준다면 영국 눈치를 볼 이유가 없다. 합법, 불법을 가리지 않고 모든 방법을 동원해서 팔레스타인 이주 계획을 실천에 옮겼다. 닥치는 대로 배를 사서 팔레스타인으로 향했고, 영국은 바다에서 그들을 막았다. 이에 유대인은 팔레스타인 곳곳에서 테러를 자행함으로써 영국에 항의했다. 영국이 10만 명의 군대와 경찰을 파견하자 팔레스타인은 유대인 테러 조직과 영국의 전쟁터가 되었다.

팔레스타인에 대한 영국의 위임 통치 만료일인 1948년 5월 14일이 다가오자, UN은 이런 상태에서 영국이 팔레스타인에서 철수하면 아랍과 유대인의 전면전이 벌어질 것을 우려해서 팔레스타인 분할안을 내놓는다. 팔레스타인을 세 지역으로 나눠서 유대 국가와 아랍 국가를 세우되, 예루살렘은 어느 쪽에도 속하지 않는 국제 지역으로 만들자고 한 것이다. 유대인들은 두 손 들고 환영했다. 집도 절도 없는 처지에서 나라가 생긴다니 감지덕지할 일이었다. 하지만 아랍인들은 결사반대했다. 이미 2,000년 동안이나 살아 온 자기들 땅을 유대인들과 나눌 이유가 없었다.

1947년 11월 29일, 팔레스타인 분할안이 UN에서 가결되었다. 영국 철수 1년 뒤인 1949년 5월 14일에 유대인 국가와 아랍인 국가를 세우기로 한 것이다. 그 결의에 따라 1948년 5월 1일, UN 방문단이 조만간 떠날 영국을 대신해서 팔레스타인 치안을 맡으려고 방문했는데 영국이 입국을 거부했다. 5월 14일까지는 자기들이 통치하니 권리를 침해하지 말라는 논리였는데, 실상은 아랍을 편든 것이었다. 아랍으로서는 반갑기 그지없는 일이었다. 영국이 자기들 편인 것을 알고는 즉각 군사 행동에 돌입해서 유대인에 대한 테러를 자행했다. 영국 철수일인 5월 14일이 다가올수록 공격은 더욱 격렬해져서 전쟁터와 다름이 없었는데, 물러날 곳이 없는 유대인들도 필사적으로 저항했다.

드디어 1948년 5월 14일이 되었다. 영국 국기가 내려가자 즉시 이스라엘 국기가 게양되고, 텔아비브의 한 박물관 건물(지금의 독립기념관)에서 초대 총리 벤구리온(David Ben-Gurion, 1886-1973)이 건국을 선언했다. 2천 년 동안 나라 없이 떠돌던 유대 민족이 자기들의 나라를 세운 것이다. 그때 벤구리온은 성경을 펴고 다음의 말씀을 읽었다.

그날에 내가 다윗의 무너진 장막을 일으키고 그것들의 틈을 막으며 그 허물어진 것을 일으켜서 옛적과 같이 세우고(암 9:11).

유대인들 생각으로는 자기들이 나라를 세운 것이 하나님이

무너진 다윗의 장막을 일으킨 것에 해당하는 모양이다. 그런데 다분히 견강부회다. 그러면 다윗의 무너진 장막은 유대인들이 나라 없이 떠도는 형편을 비유한 것일까? 아모스가 이 메시지를 선포한 여로보암 2세 때는 다윗 이후 최고 중흥기였다.

아모스로부터 이 메시지를 직접 들은 사람들은 의아했을 것이다. 지금이 왜 다윗의 장막이 무너진 형편이란 말인가? 하맛 어귀부터 아라바 바다까지가 전부 자기네 영토다. 정치는 안정되었고 모든 물자는 넉넉했다. 주변에 이스라엘보다 강한 나라가 없었다. 달리 생각할 수도 있다. 당시의 이스라엘이 강성했던 것은 맞다. 그런 이스라엘이 다윗의 장막이 무너진 상태라면, 그날에 일으켜진 다윗의 장막은 얼마나 굉장하겠는가? 누군가 빌 게이츠를 가난하다고 한다면 그 사람은 얼마나 부자이겠느냐는 말이다.

아모스는 이스라엘에 대한 심판을 얘기했다. 하나님이 이스라엘을 심판하신 다음에 하실 일이 있다. 바로 다윗의 무너진 장막을 일으키는 일이다. 즉 '그날'은 벤 구리온의 생각처럼 주후 1948년 5월 14일이 아니다. 이스라엘에 대한 하나님의 심판이 마쳐진 다음의 어느 시점을 말한다. 그날이 되면 다윗의 무너진 장막을 옛적과 같이 세운다고 한다. 이스라엘을 회복한다는 얘기가 아니라 에덴을 회복한다는 얘기다.

이스라엘 건국 기념일은 전쟁 개시일이기도 했다. 이스라엘이 건국을 선포하자 전 아랍이 군대를 동원해서 전시 체제에 돌입했다. 1차 중동전쟁이 벌어진 것이다. 총인구 1억 4천만에 달하는 이집트, 시리아, 요르단, 레바논, 이라크 연합군이 65만 명의 이스라엘을 상대로 벌인 전쟁이어서 아랍의 압도적인 승리가 예상되었다. 게다가 아랍은 정규군인 반면 이스라엘은 민간인이었다. 그런데 이스라엘이 이겼다. 이로써 팔레스타인에 세워지기로 했던 아랍 국가는 물거품이 되었고, 그 지역 주민들은 하루아침에 난민으로 전락했다. 모든 영토가 이스라엘 차지가 되었다. 이후 1956년의 2차 중동전쟁(시나이 전쟁), 1967년의 3차 중동전쟁(6일 전쟁), 1974년의 4차 중동전쟁(욤 키푸르 전쟁)을 통해서 지금에 이르렀는데, 하나님이 지키시는 이스라엘을 알라를 섬기는 아랍이 무슨 수로 당하겠느냐는 말을 들은 기억이 있다. 그런데, 과연 그럴까? 이스라엘이 특별한 나라여서 하나님이 돌보신 것일까?

실제로 하나님이 왜 이스라엘을 편애하시느냐는 질문을 한두 번 받은 것이 아니다. 그때마다 "구약의 이스라엘이 신약의 교회라서 그렇습니다. 하나님의 관심이 교회에 있습니다"라고 하면 다 알아들었다. 그런데 언젠가 "그건 대체신학 아닙니까?"라는 말을 들었다. 원래 이스라엘이 하나님의 제사장으로 부름받았는데, 그 역할을 감당하지 못해서 하나님께 버림받고 교회가 그 역할을 대체하게 되었다는 것이 대체신학이다. 중세를 통해서 유대인은 예수님을 죽인 민족으로 상당히 미움받았는데, 그런 풍조를 배경으로 만들어졌다.

그러면 따져 보자. 성경에 나오는 애굽은 지금의 이집트다. 애굽과 이집트가 같은 나라일까, 다른 나라일까? 역사, 인종, 언어, 위치, 문화가 다 똑같다. 하지만 성경에서 맡은 배역은 다르다. 성경에 나오는 애굽은 세상의 상징이다. 하지만 이집트는 지구상에 있는 수두룩한 나라 중의 하나다. 이스라엘도 마찬가지다. 구약의 이스라엘은 하나님의 백성을 보여주지만, 지금 팔레스타인에 있는 이스라엘은 그냥 한 나라다. 성경에 나오는 이스라엘과 지금 중동 분쟁의 불씨인 이스라엘은 역사, 민족, 위치, 언어가 다 같지만, 동일한 나라가 아니다.

베드로가 초대 교회 교인들에게 편지하면서 "그러나 너희는 택하신 족속이요 왕 같은 제사장들이요 거룩한 나라요 그의 소유가 된 백성이니 이는 너희를 어두운 데서 불러내어 그의 기이한 빛에 들어가게 하신 이의 아름다운 덕을 선포하게 하려 하심이라"라고 했다. 베드로가 지어낸 말이 아니다. 출애굽기 19장 5-6a절에 있는 "세계가 다 내게 속하였나니 너희가 내 말을 잘 듣고 내 언약을 지키면 너희는 모든 민족 중에서 내 소유가 되겠고 너희가 내게 대하여 제사장 나라가 되며 거룩한 백성이 되리라"라는 말씀을 인용한 것이다. 모세가 이스라엘에 했던 말을 베드로가 교회에 한다. 구약 시대 이스라엘이 들었던 말을 신약에 와서 교회가 듣는다. 구약 시대의 이스라엘이 신약 시대의 교회라는 뜻이다.

성경을 말할 때 구약은 예표, 신약은 성취라고 한다. 이스라엘이 홍해를 건넌 것은 우리가 받는 세례를 예표한다. 대체했다고 하지 않는다. 번제단에서 짐승을 제물 삼아 제사를 지낸 것은 예수님의 십자가를 예표한다. 십자가가 제사를 대체한 것이 아니다. 마찬가지로 이스라엘이 교회를 예표한다.

간혹 "하나님은 지금도 살아 계신다. 이스라엘을 봐라!"라는 사람이 있다. 굳이 이스라엘을 볼 것 없다. 공중의 새를 봐도 되고 들의 백합을 봐도 된다. 하나님은 살아 계신다. 세상에서도 사람 위에 사람 없고 사람 밑에 사람 없는데 설마 하나님 앞에서 나라 위에 나라 있고 나라 밑에 나라 있을까? 이 세상 모든 나라는 다 똑같다. 이스라엘이라고 해서 특별한 나라가 절대 아니다.

이런 말을 하면 "그래도 아브라함의 후손인데 뭔가 있지 않겠습니까?"라는 사람이 있다. 이스라엘을 특별한 나라로 여기는 선입견이 여간 뿌리 깊은 것이 아니다. 성경에 아브라함이 등장하는 이유가 무엇일까? "아브라함은 위대한 사람이다. 모두 우러러봐라"라는 뜻으로 등장하는 것이 아니다. 아브라함은 믿음으로 구원 얻는 것이 어떤 것인지 보여주는 샘플로 등장한다. 아브라함이 진짜가 아니라 우리가 진짜다. 아브라함이 특별한 사람이 아니라면 그의 후손이라고 해서 특별한 분깃이 있을 리 만무하다. 이런 설명에 이스라엘은 동의하지 않겠지만, 이스라엘의 동의 여부에 하나님의 뜻이 좌우되지는 않는다. 이스라엘이 할 일은 자기들을 위한 메시아를 기다리는 일이 아니라 다시 오실 메시아를 영접하는 일이다.

Epilogue
나가는 말

바울이 갈라디아 교회에 편지를 쓰면서 "때가 차매 하나님이 그 아들을 보내사 여자에게서 나게 하시고 율법 아래에 나게 하신 것은 율법 아래에 있는 자들을 속량하시고 우리로 아들의 명분을 얻게 하려 하심이라"(갈 4:4-5)라고 했다.

때가 어떻게 찼을까? 흔히 하나님은 정확한 때에 역사하신다고 한다. 그러면 예수님을 보내신 것도 그렇다. 신구약 중간 시대를 지나면서 예수님을 보내실 조건이 제대로 무르익은 것이다. 책에서 살펴본 것처럼 남 왕국 유다가 멸망하면서 성전 대신 회당이 들어섰다. 바울이 회당 중심으로 사역을 했고 복음을 전하기만 하면 회심할 사람들이 회당에 모여 있었으니, 성전이 무너지고 회당이 그 자리를 대신한 것이 때가 차기 위한 하나의 조건이었다.

또 70인역을 들 수 있다. 주전 250년경에 모세오경을 시작으로 100여 년에 걸쳐서 구약을 헬라어로 번역하는 작업이 이루어졌다. 당시 히브리어는 생활 언어가 아니었다. 복음을 받아들인 이방인이나 디아스포라는 물론이고 팔레스타인에 사는 유대인들도 히브리어를 몰랐다. 70인역이 없었다면 기독교는 구약 없이 신약만 있는 종교가 되었을 것이다.

또 당시는 팍스 로마나(로마의 평화) 시대였다. 지중해 일대가 다 로마의 통치 질서에 편입되었다. 모든 길은 로마로 통한다는 말이 있다. 로마는 군사적인 목적으로 도로를 정비했지만 교통이 그만큼 편해졌다. 그 도로를 통해서 복음이 뻗어나갈 수 있게 되었다. 치안도 상당히 확보되었다. 여행이 자유로워진 것이다. 특히 알렉산더가 대제국을 이룬 효과로 헬라어만 하면 세계 어디에서나 의사소통이 가능하게 되었다. 바울이 아무리 1차 전도 여행, 2차 전도 여행, 3차 전도 여행을 다녔어도 가는 곳마다 언어가 다르면 어떻게 복음을 전했겠는가? 결정적으로 팍스 로마나라는 말 그대로 전쟁이 없었다. 복음을 전하기에 안성맞춤인 시기다. 이렇게 때가 무르익었을 때 하나님이 예수님을 보내셨다.

헬라어로 '때'를 '크로노스'(Κρόνος)라고도 하고 '카이로스'(Καιρός)라고도 한다. 크로노스는 그냥 시간이 가면 이르는 때이고, 카이로스는 특정한 사건이 있는 때이다. 크로노스의 때가 이르기 위해서 필요한 것은 지구의 자전과 공전뿐이다. 하지만 카이로스의 때가 이르려면 특별하게 의미가 부여된 사건이 이루어져야 한다.

낚시를 즐기는 사람이 있다. 열 마리만 낚기로 하고 낚시를 시작했다. 그러면 열 마리를 낚으면 일어설 때가 된 것이다. 이런 식으로 때를 말한다면 카이로스이다. 하지만 애초에 5시간을 약정하고 낚시질을 시작했으면 얘기가 다르다. 그때는 몇 마리를 낚았는지에 관계없이 지나간 시간이 기준이다. 그렇게 해서 일어설 때를 말한다면 크로노스다.

"때가 차매 하나님이 그 아들을 보내사…"라고 할 때는 크로노스가 쓰였을까, 카이로스가 쓰였을까? 당연히 카이로스일 것 같은데 크로노스가 쓰였다. 일견 의아하지만 그렇지 않다.

열 마리만 낚기로 하고 낚시를 하는 경우를 다시 생각해 보자. 열 마리를 낚으면 카이로스의 때가 이른 것이다. 하지만 카이로스의 때라고 해서 지구의 자전과 공전이 멈춘 상태에서 이루어지는 것이 아니다. 5분이 지났든지, 5시간이 지났든지 시간이 지났을 것이다. 크로노스의 때가 지나야 카이로스의 때가 이루어지는 법이다. 모든 카이로스는 크로노스를 그 배경으로 한다.

하나님이 예수님을 보내시기 전에 미리 그 준비를 하셨다. 어느 날 갑자기 그렇게 하신 것이 아니라 이 세상 역사의 흐름 속에서 그렇게 하셨다. 한 나라가 일어서서 흥왕하고 다른 나라는 망하는 역사 속에서 생존경쟁에 몰두하는 사람들을 통해서 하나님은 예수님을 보내실 때를 가늠하셨고, 이 땅에 교회를 세울 준비를 하셨다. 우리가 말하는 신구약 중간 시대를 통해서 졸지도 않고 주무시지도 않는 하나님께서 그런 일을 하셨다.

그 하나님이 지금은 무슨 일을 하고 계실까? 우리가 알 수는 없다. 우리가 할 일은 하루하루 주어진 삶에 성실하게 임하는 것이다. 하나님은 그런 우리의 삶을 통해서 또 하나님의 일을 이루실 것이다.

Bibliography
참고문헌

김덕수. 《로마와 그리스도교》. 서울: 홍성사, 2017.

김병국. 《신구약 중간사 이야기》. 서울: 대서, 2015.

노우호. 《신구약 중간사》. 서울: 하나, 2002.

러셀, D. S.. 《신구약 중간시대》. 임태수 역. 서울: 컨콜디아사, 2010.

류호성. 《간추린 신구약 중간사》. 서울: 기독교문서선교회. 2018.

브루스, 메츠거. 《신약성서개설》. 나채운 역. 서울: 대한기독교출판사,
　　　1983.

박경철. 《문명의 배꼽, 그리스》. 서울: 리더스북, 2013.

설버그, 레이몬드. 《신구약 중간사》. 김의원 역. 서울: 기독교문서선교
　　　회, 2011.

손성찬. 《모두를 위한 기독교 교양》. 서울: 죠이북스, 2022.

송동훈. 《에게해의 시대》. 서울: 시공사, 2021.

시오노 나나미. 《로마인 이야기 4》. 김석희 역. 파주: 한길사, 2011.

_____. 《로마인 이야기 5》. 김석희 역. 파주: 한길사, 2011.

_____. 《로마인 이야기 6》. 김석희 역. 파주: 한길사, 2011.

_____. 《로마인 이야기 7》. 김석희 역. 파주: 한길사, 2011.

요아힘, 예레미야스. 《예수시대의 예루살렘》. 한국신학연구소 번역실
　　　역. 서울: 한국신학연구소, 1983.

우광호. 《유대인 이야기》. 서울: 여백미디어, 2010.

유시민. 《거꾸로 읽는 세계사》. 서울: 푸른나무, 1994.

이원복. 《먼 나라 이웃 나라 18》. 파주: 김영사, 2020.

조병호. 《신구약 중간사》. 서울: 통독원, 2012.

푀르스터, W.. 《신구약 중간사》. 문희석 역. 서울: 컨콜디아사, 2015.

플라비우스, 요세푸스. 《유대 고대사》. 김지찬 역. 서울: 생명의말씀사, 2011.

_____. 《유대 전쟁사》. 김지찬 역. 서울: 생명의말씀사, 2011.

플루타르코스. 《플루타르크 영웅전 1》. 홍사중 역. 서울: 동서문화사, 2007.

_____. 《플루타르크 영웅전 2》. 홍사중 역. 서울: 동서문화사, 2007.

홍익희. 《유대인 이야기》. 서울: 행성비, 2014.